U0612105

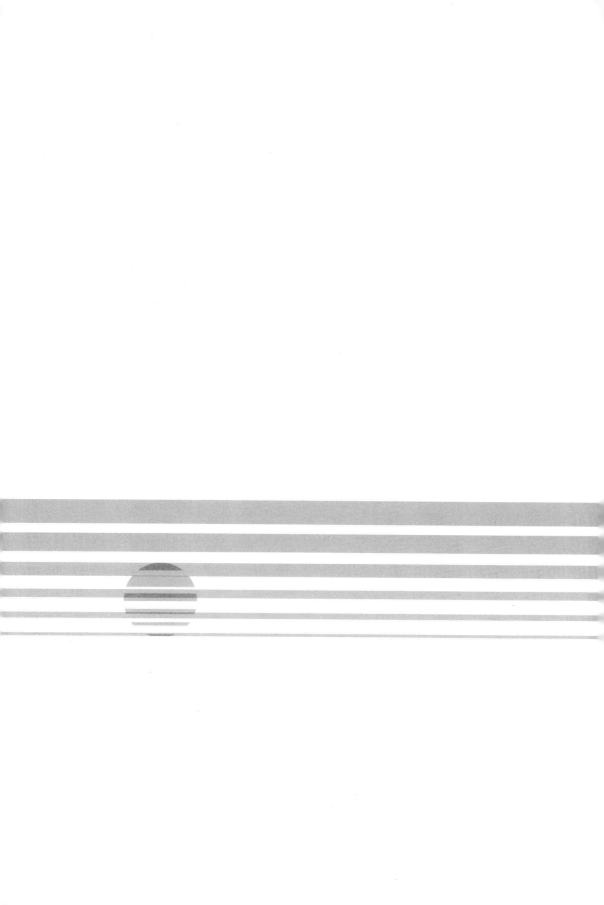

浙江农林大学科研发展基金人才启动项目（2010FR048）
上海市科技发展基金软科学研究项目（7S10815）
国家自然科学基金项目（70771024）

知识创新管理的心智效能研究

Research on
the Knowledge Innovation Management Based
on Shared Mental Efficiency

龙 飞 著

经济科学出版社
Economic Science Press

图书在版编目（CIP）数据

知识创新管理的心智效能研究/龙飞著.
—北京：经济科学出版社，2014.7
ISBN 978 – 7 – 5141 – 4839 – 8

Ⅰ.①知…　Ⅱ.①龙…　Ⅲ.①企业管理 – 知识
管理 – 研究　Ⅳ.①F270

中国版本图书馆 CIP 数据核字（2014）第 158344 号

责任编辑：李　雪
责任校对：郑淑艳
责任印制：邱　天

知识创新管理的心智效能研究

龙　飞　著

经济科学出版社出版、发行　新华书店经销
社址：北京市海淀区阜成路甲 28 号　邮编：100142
总编部电话：010 – 88191217　发行部电话：010 – 88191522
网址：www.esp.com.cn
电子邮件：esp@ esp.com.cn
天猫网店：经济科学出版社旗舰店
网址：http://jjkxcbs.tmall.com
北京密兴印刷有限公司印装
710×1000　16 开　14.5 印张　210000 字
2014 年 7 月第 1 版　2014 年 7 月第 1 次印刷
ISBN 978 – 7 – 5141 – 4839 – 8　定价：48.00 元
（图书出现印装问题，本社负责调换。电话：010 – 88191502）
（版权所有　翻印必究）

前　言

　　随着知识经济时代的到来，组织知识在组织日常生产经营中的本位化与要素化趋势不断增强，越来越多的组织已开始把自身管理实践的中心由追求"新产品"的生产转变为追求"新知识"的产生，由追求"知识应用的创新（如新材料、新技术、新制度）"转变为追求"知识要素本身的创新"，管理的范围更加扩大了，管理的内涵更加深入了，管理的形式更加抽象了，管理成了"管理的管理"，知识成了"知识的知识"，创新成了"创新本身的创新"，组织知识创新已日趋成为组织一项系统性的"新价值创造工程"（Drucker，1999），因此，如何对组织知识创新进行切实有效的管理，就成为当前管理理论界与管理实务界所普遍关注的一道重要课题。对这道课题的探索与解答，一方面需要我们对传统的管理理论、管理技术、管理制度与管理认知基础不断进行重新审视、反思、突破与发展；另一方面，又需要我们在这些重新审视、反思、突破与发展的成果基础上，不断进行深入全面的归纳、总结与各种可能性的综合，以引发出越来越多的更加适应组织知识创新管理内在规律的各种新的管理理论、管理技术、管理制度及管理认知基础。

　　本书基于上述思想背景，对组织知识创新管理与组织心智效能之间的关系进行了理论分析与实证检验。主要研究内容包括：

（1）总结概述了组织知识创新管理研究的相关理论与模式，着重评价了当前国内外的研究现状为本书进一步研究所可能提供的思路与启示，以此为基础，对本书从组织共享心智模型的视角研究组织知识创新管理的理论意义与实践价值进行了阐释；（2）对组织知识创新管理的相关概念进行了全面界定，由此引出了组织知识创新管理不同于其他专项管理模式的独特运作基础与管理运行特征，明确了构建组织知识创新管理内在统一性支持载体的必要性与可行性，并对组织共享心智模型作为组织知识创新管理内在统一性支持载体的自组织系统超循环协同性质进行了探析；（3）论证了作为组织知识创新管理内在统一性支持载体的组织共享心智模型自身存在与发展过程的一般规律性，分析了影响组织共享心智模型存在与发展过程的各种相关因素，得出了组织共享心智模型作为组织内部一种"常在"形式能够成为组织知识创新管理内在统一性支持载体的结论，并提出了须待后面进一步进行实证研究的相关假设；（4）对组织共享心智模型在开发组织知识创新能力过程中所发挥的各项具体作用进行了分析，探讨了组织知识创新流程的不同阶段中，组织共享心智模型为组织内部各种知识的复杂协作与一体化过程所提供的"双重平台"作用，形成了相关的数理分析模型与分析结论，并提出了须待后面进一步进行实证研究的相关假设；（5）对组织共享心智模型在提升组织知识创新战略内在集成能力的作用过程进行了分析，探寻了不同组织共享心智模型背景下的组织知识创新战略形成过程的不同"轨迹曲线"，明确了组织共享心智模型在提升组织知识创新战略内在集成能力过程中的内在价值意义基础与隐性知识基础，形成了相关的数理分析模型与分析结论，并提出了须待后面进一步进行实证研究的相关假设；（6）对组织共享心智模型在提高组织知识创新成果内部传播效率水平的作用过程进行了分析。探讨了组织知识创新成果内部传播过程背后所隐藏的种种复杂因素及其内在规律，论证了组织共享心智模型中共享的组织隐性知识结构与内在价值意义结构的互动一致性将最终决定组织知识创新成果内部传播效率的"长期均衡路径"的原理，并提出了须待后面进一步进行实证研究的相关假设；（7）对基于原理分析基础上所提出的各种相关假设命题进行了综述，根据这些假设命题构建了实证研究模型，并对实证研究的调查问卷设计方法、样本选择及调查结果做了具体的说明；（8）对数据分析的基本统计原理以及判断模型拟合优度的相关统计指标进行了简介，对构造变量（潜变量）的衡量进行了探索性因子分析、信度与效度检验，对模型给出的有关实证分析结论进行了评价与说明，并提出了相应的改进措施与修正建议；（9）对本书所取得的一些初步性成果以及相关的研究局限与不足进行了总结，并对其实践应用价值以及未来进一步研究的方向进行了展望。

　　本书的研究内容是建立在众多前人研究成果的基础上的，但同时，本书的研究自身又有一些创新之处，主要体现在，一是通过对组织知识创新管理内在运作机制的深入分析，提出了组织知识创新管理所面临的核心问题是在全体组织成员中构建一个内在统一性的隐性知识共享与价值意义共享的支持载体，并由此论证了组织共享心智模型在组织知识创新管理中的基础作用与重要意义；二是针对目前很多学科领域尚没有达成一个统一的有关组织心智模型形成与发展过程内在一般性规律方面的研究结论的现状，本书尝试运用社会学中的交往行为理论与数学中的拓扑学方法来分析组织共享心智模型形成与发展的普遍一般性规律，从而论证了组织共享心智模型作为组织知识创新管理一项长期有效的基础制度设置的现实可行性；三是尝试运用选择算子模型、协同学理论、演化博弈论等相关理论与方法，分别揭示了组织共享心智模型对组织知识创新能力、组织知识创新战略内在集成能力、组织知识创新成果内部传播效率影响与作用的基本原理和具体过程；四是结合规范研究基础上所提出的各项具体原理与假设前提，尝试运用当前处于统计分析技术前沿的结构方程模型对组织知识创新管理中组织共享心智模型的各项实际作用效果进行了实证分析与检验，并产生了较好的测度条款与测度模型。

龙 飞

2014 年 4 月 14 日

目　　录

第 *1* 章

绪 论

1.1
本书的选题背景与研究意义

1.1.1　本书的选题背景

随着知识经济时代的来临，组织知识在组织日常生产经营中的本位化与要素化趋势不断增强，组织知识创新已成为各级组织不断提升其内在竞争力与确保其自身竞争优势可持续发展的重要源泉。但组织知识创新作为组织一项系统性的"新价值创造工程"（Drucker，1999），如何对其进行切实有效的管理，就成为当前管理理论界与管理实务界所日趋关注的一道重要课题。对这道课题的探索与解答，一方面需要我们对传统的管理理论、管理技术、管理制度与管理认知基础不断进行重新审视、反思、突破与发展；另一方面，又需要我们在这些重新审视、反思、突破与发展的成果基础上，不断进行深入全面的归纳、总结与各种可能性的综合，以引发出越来越多的更加适应组织知识创新管理内在规律的各种新的管理理论、管理技术、管理制度及管理认知基础。本书基于组织共享心智模型的组织知识创新管理研究正是在这样一种思想背景下提出的，它直接源于笔者对以下理论与实践问题的归纳、总结与可能性综合的一种初步性尝试。

（1）企业知识理论作为企业交易费用理论在知识经济背景下的新发展与新补充，其重要意义已日益受到人们的关注。企业交易费用理论作为解释企业存在、企业性质、企业边界以及企业其他基本问题的主流理论早已深得人心，其主要观点在于强调企业的契约性质，认为企业作为一系列的合约，是市场机制的一种替代，企业产生的原因缘于存在着利用价格机制的成本，企业通过把交易转移到企业内部，依靠科层与权威的管理促进企业内部交易的完成，从而减少市场交易费用，企业的边界由在企业内部进行一次交易的费用与同样的交易在市场上完成的费用相等时来决定。因此，企业交易费用理论往往在将企业视为一个"交易单位"的基础上作出分析，并得出企业是管理交易的制度的结论，而对于企业作为一个"生产单位"，在管理方面的各种功能特性，交易费用理论则分析的很少，其原因就在于虽然交易费用理论在交易合约中，往往是假定有限理性与信息不对称的，但在企业内部生产方面却仍潜在地假定"某些方面信息是完全无成本的（Alchian，1994）"，这一点也正如德姆塞茨所认为的："尽管从管理者控制的角度将信息的获得视为有成本的，但就生产而言，信息仍被潜在地假定为无成本的（Dernsetz，1988）"。而在知识经济背景下，企业生产过程中最重要的投入是知识（因为只要市场是有效的，那么市场上可以买到的生产投入就永远不是生产过程中至关重要的），而企业生产所需的许多知识又具有高度的默会性，这就正如莫道克所指出的："即使不存在机会主义，我们依然无法通过单纯的交易来充分地利用默会性知识"（Anup Murdoch，1996），因此，知识的默会性引起了企业获得或转移生产所需知识和信息的高成本性，这就使得企业对生产过程中各种所需知识的获得、转移、交流与共享问题，而不是机会主义和交易成本最小化的问题日益成为企业创造与维持竞争优势的主要问题，换句话说："对在有限理性条件下，有效利用和开发企业特定的知识资源的考虑，而不是机会主义假设下的对交易费用与交易效率的考虑，已越来越成为决定企业行为的关键（余光胜，2000）。"在这方面，传统的企业交易费用理论所提供的解释与指导是极其有限的，由此便引发了企业知识理论的产生。企业知识理论从知识特性的角度，而不是交易费用的角度来解释企业的存在、性质、边界及其他基本问题，认为企业是一种知识（尤其是隐性知识（默会性知识））一体化的制度①，其本质在于通过内部发展起来的一种独特的语言或共同表达的方式，甚至是某种特定的环境进行交流使得知识尤其是默会性知识的获取、转移、交流与共享变得更为经济，企业的边界由企业知识尤其是默会性知识利用的收益与成本相等时决定。这样企业知识理论便在知识经济背景下，对企业作为知识一体化的性质与特性做了进一步的解释与认定，认为企业之间的差异性不在于企业之间不同的信息和资源的交易技术，而在于企业之间不同的知识运用能力，并且由于知识具有默会性，所以企业不一定会因为交易技术的改进而使信息变得更完全、使机会主义发生率降低而能够实现知识运用能力的改进和知识交易费用的降低。这就使得企业知识理论发展成为与主流的交易费用理论相匹配的一个重要的企业理论分支，从而也构成了本书研究的主要理论基础。

（2）西方传统管理技术中的偏"硬"理论在知识创新管理中的作用效果已普遍遭到人们的质疑，管理技术"软化"趋势正更多地受到知识管理者们的青睐。"从弗雷德里克·泰勒（Frederick Talor）到郝伯特·西蒙（Herbert Simon），西方传统管理体系一直把组织当做一种'信息处理'机器。根据这一观点，只有正式的，系统化的东西（硬的或可计量的数据，编好的程序以及放之四海而皆准的原理）才是唯一有用的知识，相应地，用来评价新知识价值的关键指标也是硬的、可计量的，如效率提高，成本降低，投资回报增加等（Ikujiro Noraka，1991）。"但对于知识创新管理来说，

---

① J. C. Spender, Making the Knowledge the Basis of A Dynamic Theory of the Firm, Strategic Management Journal, Vol. 17, 1996, pp. 45 – 62.

知识创新并不是对客观信息进行简单的"加工处理"，而是要发掘员工头脑中潜在的想法、直觉和灵感，并综合起来加以利用，在这个过程中，关键是员工的责任感以及员工对企业与企业使命的认同感，而要想激发员工的责任感，将潜藏的知识融入实际的技术和产品中，通常需要采用标语、隐喻和各种具有象征意义的符号等"软"形式，它们是组织知识持续创新必不可少的技术工具。因此，知识创新型的组织已不再只是一台机器，而是一个活生生的有机体，组织就像一个人一样，有自己的独特个性和基本目标，这便是组织的"自我认知"，即组织所代表的含义、组织将向何处发展、组织希望在什么样的环境中生存以及最重要的是如何创造这样的环境等问题上，组织成员所持有的共同看法或组织共享的心智模型。从这个角度来说："知识创新型组织既追求创意，也追求理想，它激励着组织不断创新。创新的本质就是按照一种特别的远景或理想来重塑世界，知识创新实际上意味着一个连续不断的过程，在这个过程中，组织和组织中的每一个成员都在不断更新。在知识创新型组织中，知识创新并不是研发、营销或战略规划部门专有的活动，而是一种行为方式，一种生成方式，在这种方式下，组织成员个个都是知识的创造者，也就是我们所说的企业家（Ikujiro Noraka，1991）。"因此，在知识创新型组织中，管理者的主要工作就是为这些知识创新型的"企业家们"创造一个知识共享的环境，使他们能够相互交流，不断对话，促进反思，然后把其中一些有价值的思想统一起来，形成新的组织集体的智慧。

（3）内部激励制度替代传统的外部激励制度，在组织知识创新力激发过程中发挥着越来越重要的作用。激励制度是组织不可或缺的一项基本管理制度，自从有了组织，激励制度就与生俱来。但传统的激励制度只是一种奖励制度，我们把它称为外部激励制度（extrinsic motivation institution）。这种激励制度可以激励人们去努力完成一个工作目标，鼓励人们以最快的方式（而不必是最富创造力的方式）去取得工作结果，换句话说，目标本身成了奖励，而奖励换来了兴趣和能量，这种激励方式对传统的标准化的、流程化的、包含规则较多的工作方式是有效的，但对于富有创造性的组织知识创新工作来说，往往是无效的，甚至会抑制或削弱人们在工作中的创造性的发挥。日本 Idemitus Kosan 公司曾专门做过这方面的试验进行了证明（翟丽，2000）。因为知识创新显然是排斥标准化的、程序化的、不是由众多规则组成的，因此，知识创新力更大程度上依赖于内部激励制度（intrinsic motivation system），因为知识创新力是通过"尝试"而对"不确定性"的一种探求，对外部奖励的追逐不但会抹杀知识创新力，还会使知识创新的机会减少，因此，激发知识创新力的内部激励制度往往是对一种个人发自内心深处的为自己的缘故去创新的冲动的一种激励，如果是外部激励的，则激励就是一切，目标就是一切，"照着规定尽快完成"就是一切，而这与内在知识创新力的激发是相背道而驰的。为此，组织知识创新力激励制度的设计应该做到让每位组织成员都能自发地进行创造性活动，当一个人感到自己对他所做的工作有影响力时，或者他的独特见解很快被承认时，他的内心就会被激励。因此，运用内部激励可以调动组织成员的创新积极性，有效的内部激励机制的制定成为组织知识创新能力激发的关键问题。

（4）传统客观认知理论向现代系统认知理论的转化揭示了组织认知背景在组织知识创新管理中的重要作用。组织知识创新与组织认知学习是天然地联系在一起的，因此，认知科学理论已成为现代"知识创新型"组织理论的一个重要组成部分。这一点也正如郝伯特·西蒙所早就指出过的："我们不可轻率地将心理学放在一旁，而仅仅把组织理论建立在经济学基础上"（Herbert Simon，1950）。因此，20世纪50年代中期以来，在西蒙的倡导下，认知科学在管理学界开始盛行起来，但在他们那里，认知在很大程度上被认为是"信息处理"。支配当时认知行为的传统客观认知理论认为：世界是预先给定的，是客观存在的，人脑不过是一张白纸，任何认知的目的就是最为精确客观地描述或摹写这个世界，认知学习仅意味着个人通过吸收新的经验来更全面、更客观地认识外部环境。因此，对于传统客观认知理论来说，同样的认知对象，对作为认知主体的观察者的认知结果都将是一致的，知识具有同质性，认知者的认知背景是"中立的"、"客观的"，不会对认知主体之间的知识共享产生任何内在影响。但是同传统的客观认知理论观点不同，现代系统认知理论则认为：世界并没有一个有待描述的预先给定的状态，认知不是主体与客体两个环节之间直接的关系，而是主体、客体和客体被主体认识的部分（即认知背景）这三个环节之间的关系，人们在通常情况下会认为是"主体认识了客体"，但事实上是"主体认识了作为自身某种认知背景下的客体"（Furlma，1994），因此，知识具有对认知主体特定的认知背景的历史依赖性，认知主体头脑中的潜在知识存量和知识结构对于他当前的认知活动起决定作用，而且不同认知主体之间的知识是不同质的，其知识共享水平要受到不同认知主体认知背景差异程度的影响。而如何在组织知识创新管理过程中能够使得具有不同认知背景、不同思维方式（分析的或直觉的、概念的或经验的、社会的或独立的、富于逻辑的或利益驱动的）的组织成员之间提升他们的知识共享水平，提高他们的知识创新效率，就构成了本课题开展研究的一个逻辑起点。

总之，伴随着当前管理理论、管理技术、管理制度与管理基础的全面变革，必将引发新的管理理论、管理技术、管理制度与管理基础的诞生，虽然这些新理论、新技术、新制度与新基础的具体轮廓目前尚不十分明确，但一个核心的主题却早已凸显出来：这就是"知识创新"，这一核心主题一方面使得企业与其他各级组织未来的竞争趋势一下子变得豁然开朗与简单（这就是不断地进行知识创新，否则就会落后或被淘汰），另一方面也为本课题研究的深入开展以及相关理论的建立提供了一个可操作性的概念。

1.1.2　研究意义

知识经济时代作为一个新的经济时代已经来临，这个新经济时代把"知识创新"作为整个社会经济发展的主题，围绕着这个主题，传统企业和其他微观经济组织正在逐步改变着自身原有的经营理念和管理模式，"知识创新管理"不断得到传播、推行和应用，正是在此基础上，对知识创新管理的内在规律和运行特征进行深入的探索与研究，就具有极其重要的理论和实践意义。

（1）理论意义。任何管理理论都是管理实践在人们的理论思维中的反映。随着人类经济管理实践的中心由追求"新产品"的生产到追求"新知识"的产生，由追求"知识应用的创新（例如新材料、新技术、新制度）"到追求"知识要素本身的创新"，管理的范围更加扩大了，管理的内涵更加深入了，管理的形式更加抽象了，管理成了"管理的管理"，知识成了"知识的知识"，创新成了"创新本身的创新"。一切皆没有现成的放之四海而皆准的原理可套用，一切皆处在不断的重新探索之中，而这一点也正如萨维奇在《第五代管理》一书中所指出的："虽然我们学会了如何在地下采矿，却不知道如何开发人类的思想；虽然我们精心设计了一种复杂语言来描述原材料如何被转化为新产品的，却几乎不知道如何表述一个原始想法是如何被转化为最终的新知识成果的"（Charles M. Savage，1996）。这段话形象地说明了我们在当前知识创新管理中所遇到的新难题。伟大的哲学家康德也早在200多年前就提出过："在人类的种种发明创造中，有两项可以看做是最困难的：一个是共享知识的技巧；另一个是推行管理的技巧"（Kant，1776）。而我们今天的企业和其他各种组织所要推行的知识创新管理却要把这两者结合起来，因为组织知识创新管理离不开组织成员之间已有的各种知识的共享，否则就成了无源之水，无本之木，而组织成员之间的知识共享也只有在现代组织知识创新管理的层面上才具有了其本来的价值意义。这样，组织知识创新管理就构成了康德意义上的"双重难题"。其中第一道难题，在后来的客观认知理论中，尤其是现代逻辑实证主义那里，似乎早已得到了解决，因为客观认知理论与逻辑实证主义皆认为知识是客观的、超然的、非个体性的，逻辑实证主义还提出了一种"完全的显性知识"的理想，即通过对知识的结构进行逻辑的分析，知识便成为一种高度形式化的，可以用完全明确的逻辑形式加以表述的命题的集合，这样知识的共享便简化成了人们之间逻辑训练上的同化与数据信息的传递，康德的"共享知识难题"将随着人类逻辑分析能力的提高与信息技术的进步而不复存在。但到了20世纪80年代后，随着现代系统认知理论的兴起，知识的隐性问题日益引起了人们的重视，尤其是波兰尼的"个人知识理论"更是被誉为人类认知史上的第三次"哥白尼革命"，波兰尼认为知识是主观的，内隐性（默会性的）、私人化的，具有主观性、内隐性（默会性的）、私人化的知识是不能借助任何逻辑形式来完全显性化的，因而也就很难通过单纯的逻辑训练的同化与数据信息的传递来使得具有不同内在隐性知识结构（认知背景）的认知主体之间实现他们各自所拥有知识的充分共享；另外，在当前知识经济背景下，随着知识的经济效用日趋提高，个人知识已成为个人人力资本优势的体现，除非有特定的价值意义方面的激励条件，否则处在激烈的竞争环境下的人们将不愿把自身的某些知识主动拿出来与别人共享，这就使得康德这道"共享知识难题"又被重新提了出来，并且与"推行管理的技巧"难题一道构成了我们今天组织知识创新管理中真正意义上的"双重难题"，而要破解这道"双重难题"的一个关键切入点就是能够为组织成员在相互知识共享和组织"共同知识（common knowledge）"（Grant，1996）创新之间搭建一个内在隐性知识共享和内在价值意义共享的平台，这个共享平台一方面能够为组织知识创新过程中，各组织成员之间的知识充分共享提供一种共同的"隐性知识背景"支持，另一方面又能够为各组织成员之间的知识共享提供组织知识创新目标所需的"共同价值意义"激励，这样，组织知识创新管理的这道"双重难题"通过这个"一体化"的平台便被纳入一个统一的"共享与创新一体化"的框架中来进行规范分析与解决，从而有望引发出一种系统有效的管理理论。

（2）实践意义。虽然组织知识创新管理的重要意义已在企业及其他各种组织中达成了共识，但组织知识创新管理作为一种新兴的管理实务，其具体有效的管理模式尚处在进一步的探索之中。目前，组织知识创新管理的业务流程主要是内在于组织知识管理各项具体业务流程之中的，组织知识创新管理的模式也就等同于组织知识管理模式，这原本是一种科学合理的管理模式设计：因为组织知识管理的最终目标就是组织知识创新，组织知识创新是组织知识管理可持续发展的生命线，但是现行大多数企业组织的知识管理模式设计却与组织知识创新目标的要求相差甚远，这其中的根本原因就在于当前在许多组织中较为普遍实行的是一种"二元结构"式的知识管理模式，即把知识管理分为对知识要素的管理（一般属组织中知识总监的职责）和对知识工作者（知识员工）的管理（一般属组织中人力资源总监的职责）

两种业务来分别进行管理与规范：在对知识要素本身的管理与规范中往往把
"知识"或"知识资本"等同于一种类似于物质资本的完全客观性的要素，
忽视了知识要素本身作为一种人类心智现象，其认知主体在知识发现与积累
的路径选择中所处的各种正式与非正式的制度约束的基础性作用；而在对知
识工作者（知识员工）的管理与规范中，则又偏向于脱离知识工作者（知
识员工）在组织的具体知识流程中所处的客观知识背景，来抽象地探索一
些似乎能适合于所有知识工作者（知识员工）的正式或非正式的制度规范
与激励模式，没有考虑到就知识工作者自身所处的具体的知识背景要求来对
其进行相关的管理与引导激励。而如何把对知识要素本身的管理与对知识工
作者（知识员工）的管理在具体的组织知识环境中有机地结合起来，使两
者能真正融为一体，以真正适应现代组织知识创新管理的内在发展规律，这
正是我们要把组织共享心智模型因素引入组织知识创新管理模式研究中的基
本价值意义所在：如果本课题所假定的"组织共享心智模型为组织知识创
新管理提供了隐性知识共享与价值意义共享的'双重平台'"这一预设在今
后的理论与实证研究中能得到充分的支持，则通过组建基于组织共享心智模
型的组织知识创新管理模式便可有效克服传统"二元结构"模式中所出现
的把组织知识与组织知识工作者分别进行管理与协调而导致的组织"共同
知识"创新或缺失共同价值意义激励，或缺失共同默认知识背景的"双重
困境"。

1.2

文献综述：国内外研究现状与评价

1.2.1 组织知识创新管理的研究现状

组织知识创新管理作为一种新兴的管理理念与管理实务，其正式形成与

发展的时间并不长，但与之相关的研究文献却十分丰富，对这些文献进行系统的回顾与综述，有助于我们后面进一步研究的开展，下面我们按照组织知识创新管理的各项具体相关内容，分类对此做一个总体的介绍：

（1）组织知识创新的过程管理研究。组织知识创新是一个极其复杂的过程，这个过程涉及组织内部知识的转化、转移、积累与演化等等一系列具体的环节，国内外许多学者对这些具体的环节皆有过专门的研究：首先有关组织知识转化方面的研究最早源于波兰尼 1958 年在《个人知识》一书中所提出的"隐性知识"这一概念，由于知识是个人的，具有内隐性、默会性等性质，因此，不同认知背景下的个人之间的知识共享产生了困难，后来日本管理学者野中郁次郎、竹内弘高（Ikujiro Noraka & Hirotaka Takeuchi，1991，1994，1996，2000）把这一问题又引入组织知识创新管理中，在《知识创新型企业》、《知识创新的螺旋》等著作中，提出了知识创新转化的"四种模式（SECI 模型）"，即默会性知识与明晰性知识相互之间的社会化（socialization）、外化（externalization）、整合化（combination）和内化（internalization），知识创新是基于这四种转化模式的一个螺旋上升的过程，以此为基础研究，一是美国学者珊蒂·戈巴拉克利希南和保罗·比尔利（Shanthi Gopalakrishnan & Paul Bierly，2001）则提出了组织知识转化的"三维模式"，即组织知识之间的转化不只是默会性知识与明晰性知识这一维，还应包括系统性知识与自治性知识、复杂性知识与简单性知识这两维，由此便把知识转化问题推向更加全面深入的境地，但目前基于三维模式的具体转化模型尚未见到；二是知识转移问题：按照布拉德古德和索尔兹伯里（Bloodgood & Salisbury，2001）的鉴定，知识转移是组织内部或组织之间跨越边界的知识共享，即知识以不同的方式在不同的组织或个体之间的转移与传播，知识的转移强调的不仅仅是知识的扩撒，更是跨组织或个体边界有目的、有计划的知识共享，冯·希普尔（Von Hipple，1994）研究了知识转移过程中的"知识黏滞"问题，"黏滞"指知识转移的难度，后来桑卓兰斯克（Szulanski，1996）运用"内部黏性"来研究组织内部转移知识的难度，并提出了知识转移的"四阶段交流模型"，认为组织内部知识转移要经过开始、实施、调整与整合这四个阶段，1999 年西默农（Simonin）运用与知识黏滞含义相同的"知识模糊"概念，研究战略联盟内部组织之间的知识转移问题，斯旺和瓦尔德（Swan & Wild，2003）则研究了知识转移中与黏滞知识相对应的"漏易知识"问题，强调了知识转移的知识产权保护问题；三是知识的积累与演化问题：对知识的积累与演化比较经典的研究是美国耶鲁大学的温特与纳尔森（Sidney G. Winter & Richard R. Nelson，1982），他们以阿尔钦的经济演化观念，熊彼特的创新理论，彭罗斯的企业知识积累与企业成长理论，哈耶克的知识应用理论以及西蒙、赛耶特、马奇等的企业行为理论为思想基础，提出了"组织拥有知识"的观点，并把组织视为一个"有机体"，"组织知识"作为这个有机体的"组织记忆"（其外在表现就是组织的"惯例"），一方面在组织日常生产经营活动中发挥着重要作用；另一方面随着组织的成长与发展又表现出一种不断的积累、演化与更新过程，后来，多西（Ciovanni Dosi，1995，1996）、马斯姆·埃格耶蒂（Massimo Egidi，1995，1996，1998）等学者对此作了更进一步深入的研究。

（2）组织知识创新的组织管理研究。知识创新型组织的形态最早由德鲁克在 1988 年《新型组织的出现》一文中提出，即由专家小组构成的专家型组织，在这样的组织中，管理层级将减少一半，管理人员将减少 2/3，工作将由跨部门的专家小组来组成，协调与控制将更多地依赖员工的自律意识，后来，梅尔（Meize，1989）与彼得·圣洁（Peter Senge，1990）、戴维·A·加文（David A. Garvin，1993）又相继提出了学习型组织与"3M（Meaning，Management，Measurement）"型组织，强调知识创新型组织的"机构学习化"特征；野中郁次郎（1991）、竹内宏高（1991）、伊丹敬之（1993）与维勒（Silicon Valey，1998）则提出了知识创新管理的"场（Ba）组织模式"，主张通过对"场（Ba）"管理来实现组织知识创新过程的知识交流与共享；中国学者汪丁丁则在多篇文章中论证了组织结构设置与组织知识创新之间的强烈互补关系（汪丁丁，1997，1999，2001）。随着 20 世纪 90 年代后期"模块化"原理广泛用于飞机、汽车制造业以及软件行业的产品设计与生产制造中，青木昌彦（1999）、芮明杰（2004）等提出了组织知识创新管理的"模块化"组织，主张通过组建"模块化"的项目团队来激发高级知识员工的创新力；达文波特（Ton Davenport，1998）、迈克尔（Michael，2001）与斯科特（Lan Scott，2003）则提出了知识创新型组织中的"知识中心"与"首席知识官"制度创建的重要意义；陈税（2005）在《公司知识管理》一书中也对知识创新型组织的组织结构设计的内容与原则在结合具体实践分析的基础上作了较全面的介绍。

（3）组织知识创新的激励机制研究。组织内的知识创新过程被各种各样的力量推动着，如果要提高组织知识创新的效率，就需要更好地理解这些推动力以建立起一套有效的激励机制，但这是一个极其复杂的问题。德鲁克曾先后在《公司的概念》（1948）、《工业人的未来》（1952）、《创新与创业精神》（1992）等著作中系统阐述过"内在激励机制"这一崭新的激励概念，即通过着眼于为员工在组织工作环境中创立一种"归宿感"以激发组织成员内在的创造力，使组织成员产生发自内心深处的为自己的缘故去创新的冲动；美国学者沙因（Edgar H. Schein，1995）与亨德森（Hendson，1998）则十分强调组织文化在组织知识创新中的激励作用，并提出了一种基于组织内部文化交流的知识创新管理激励机制模型；美国哈佛大学的詹姆士·普瑞弗（James Purefoy，1999）进一步提出了一种测算组织成员知识创新能力与激励程度相关性的函数，使知识创新激励的分析由定性发展到定量阶段；中国学者朱晓峰（2000）提出了一种基于双向信息交流的全过程的"激励运行模式"，翟丽（2000）提出了组织知识创新力激发的6个原则：联合一致，自发活动，非官方活动，偶然的发现，多种多样的刺激，企业内部沟通等，这些原则为构建有效的组织知识创新积累机制提供了一个基本的分析框架。

（4）组织知识创新的战略管理研究。组织知识创新战略是组织总体发展的一个重要组成部分，是一种"内生化"战略管理模式，涉及组织内相当水平的显性知识和隐性知识共享问题，要通过组织内部组织成员之间反复讨论和整合，从而在组织内创造一种共识以构造可以用来开发新产品和新服务的新知识创造战略。而传统的战略模式往往是"外生的"，或根据外在的不完全竞争的市场结构，例如梅森—贝恩的 S‒C‒P 战略范式，即 S：市场结构（structure）、C：市场行为（conduct）、P：市场效率（performance）（E. S. Masson，1972；J. S. Bain，1972）；或来自对既定产业结构分析与本企业的竞争定位，如当前处于主流地位的迈克尔·波特（Michael E. Porter，1998）竞争战略范式。而组织知识创新战略是依据组织内部知识创新规律出发的，是一种内生的战略模式，目前相关理论尚没有引起学界与企业界的普遍重视，比较有影响的知识创新战略理论主要有：戴布拉·艾米顿的整体性协作创新战略理论，戴布拉·艾米顿（1993）在《全球创新战略：创造价值联盟》一文中提出了一个"莲花式创新战略模型"，将与顾客的接触定为组织知识创新战略的基础，从而与传统的"买卖模型"和"联系模型"区别开来；安塞夫（H. Igor Ansoff，1993）、普拉哈拉德（C. K. Prahalad，1994）与加里·哈默尔（Gary Hamel，1994）等则提出了一种基于复杂适应系统的组织知识创新战略管理理论，该理论把组织知识创新战略区分为"编码战略"与"个人化战略"两种，组织选择两种战略的标准主要以组织服务客户的方式、组织经济状况以及组织成员的具体情况来确定；中国学者柳御林（2001）则在《企业技术创新管理》一书中提出了多阶段综合创新战略理论，并发展出了相关模型，从而使企业和各种组织可以运用决策理论、计算机模拟方法来对创新战略实施过程进行全面检验。

（5）组织知识创新成果与管理绩效的测度及评价研究。组织知识创新成果与管理绩效的准确测度及评价对判定一种组织知识创新管理模式是否可行具有至关重要的作用，但是，和传统的组织创新成果与管理绩效不同的是，组织知识创新成果与管理绩效有很多因素是隐含的、潜在的，比如隐藏在人们头脑里的灵感及思想方面的创新能力的获取就不能用数据来进行精确说明，甚至根本就无法获得数据，如果一味地采用主观定性评价则随意性和主观性太大，容易以偏概全，而完全定量精确的测度及评价对组织知识创新成果与管理绩效来说也是不具有实际意义的，因为组织知识创新成果与管理绩效本身就既有定性的成分又有定量的成分，是一个定性和定量相结合的系统。如何对组织知识创新成果与管理绩效进行尽可能准确有效的测度与评价，目前已引起了知识管理界普遍的重视：其中，费尔柴尔德（Fairchild，1991）采用平衡积分卡的方法对多项组织知识创新成果与管理绩效进行了比较研究；塔瓦娜（Tivana，1995）从客户知识管理的角度探讨了 CRM 型知识创新管理的成果与管理绩效评估问题；安（Ahn，2003）通过对知识、产品、流程和管理绩效之间关系的研究对组织知识创新成果与管理绩效的测度及评价进行了探讨；颜光华（2002）和李伟进（2002）在分析组织知识创新管理目标的基础上，采用 AHP 和模糊数学方法对组织某种具体的知识创新成果与管理绩效的取得进行了测度和评价；李顺才（2003）和常荔（2003）等人利用企业知识存量的多层次灰关联方法对企业知识创新的成果与管理绩效的形成情况进行了测度及评价；王军霞（2005）和官建成（2005）则将 DEA 方法用于组织知识创新的成果与管理绩效的测度及评价中。这些研究成果各具特色，对发展和完善组织知识创新成果与管理绩效的测度及评价研究起到了推动作用。

1.2.2 组织共享心智模型的研究现状

随着 20 世纪 90 年代后，内部激励机制越来越受到企业及其他各种组织的广泛推行，心智模型与共享心智模型的作用也日益受到人们的关注，由于它能解释不同组织或团队的绩效为什么会存在差异，以及能促进组织与团队绩效的提高，众多研究者从不同侧面对此进行了大量的理论和实践探索，下面对此作一个综合的概述。

（1）心智模型、共享心智模型与组织共享心智模型的概念与内涵研究。心智模型（Mental model）的概念来自认知心理学，根据劳斯（Rouse，1986）和莫里斯（Morris，1986）的定义，心智模型指的是指认知主体运用概念对自身体验进行判断与分类的一种惯性化的心理机制或既定的认知框架，它使认知主体在认知活动中能够利用这种惯性化的心理机制或既定的认知框架来对认知对象进行描述、解释和预测，从而提高认知活动的效率。共享心智模型（Shared mental model）的概念最早是由坎农·鲍尔斯（Cannon-

Bowers，1993）和萨拉斯（Salas，1993）提出，它们是从团队认知活动的层次上提出来的，有时也称为团队心智模型；后来彼特·圣吉（1995）在《第五项修炼》又提出了组织共享心智模型，故也称为组织心智模型；20世纪90年代后期新制度经济学家诺思（1996）与邓兆（1996）在《共享心智模型》一文中则提出了社会群体共享心智模型，也称群体心智模型。不论这些心智模型，是从哪个层次或哪个角度提出的，但它们的基本含义是相同的，是指一个社会群体、组织或团队成员共享的关于共同认知对象的知识与意义的有组织的理解和心理表征，它可以使各成员在认知过程与工作过程中对问题的界定、对情景采取的反映以及对未来的预期表现出协调一致性。过去大多数研究者认为共享心智模型的内涵只是内在知识结构（尤其是默认知识结构）的一致或共享，但是穆罕默德等（Mohammed et al.，1998）认为，内在知识结构（尤其是默认知识结构）的一致或者共享还不足以保证一个组织或团队的高效性，内在价值观念、道德理念与理想信念等意义结构的相似或一致性也很重要，虽然意义结构不如知识结构稳定，意义结构的一致比知识结构的一致更难达成，而且，两者的要求也不一样，知识结构有正确与错误的区分，而意义结构则只要求团队成员持有相似或相容的价值观念与理想信念态度（白新文、王二平，2004），但不管两者的一致性或共享程度差异有多大，共享心智模型的内容应该包括知识结构（尤其是默认知识结构）的共享和意义结构（尤其是价值与信念结构）的共享这两方面的内容。

（2）组织共享心智模型的形成与发展过程研究。目前许多学科领域都在开展对组织共享心智模型形成与发展过程的研究，并取得了一些较有代表性的理论研究成果，一是决策科学中的信息共享理论（information sharing theory），主要是从信息共享的角度分析组织（或团队）中信息传递与交流的环境因素对组织（或团队）共享心智模型形成与发展过程的影响；二是社会心理学中的交换式记忆理论（transactional memory theory），主要是从组织（或团队）中人际关系的相互依存性角度，分析了组织（或团队）中职责分工过细导致的组织（或团队）成员相互作用降低对组织（或团队）共享心智模型的形成与发展过程所带来的消极影响；三是认知心理学中的认知一致性理论（cognitive consensus theory），主要是从组织（或团队）领导者的示范和指导功能的角度分析了一个组织（或团队）中具有特殊地位的领导者的示范和指导行为会促使一个组织（或团队）的成员迅速地把握问题的本质，更快地达成一致性的认知态度，从而有效地促进组织（或团队）共享心智模型的形成与发展；四是工业和组织心理学的团体协作图式理论（teamwork schema theory），该理论主要是从组织（或团队）的作业的特征角度分析了不同的团体作业方式将会对组织（或团队）共享心智模型的形成与发展过程产生不同的影响，例如，简单的作业使得个体的心智模型较容易形成，从而也促进了组织（或团队）共享心智模型的形成，而作业方式的复杂性增加时，个体心智模型建立的时间就比较长，而组织（或团队）成员之间由于协作的方式变得越来越复杂，共享心智模型也就较难建立，而组织（或团队）的绩效（尤其是作业速度）对组织（或团队）共享心智模型的依存度却越来越高，不同性质的组织（或团队）的共享心智模型将直接决定组织（或团队）绩效水平的高低。

（3）组织共享心智模型的作用研究。关于组织共享心智模型的作用，克利姆斯基（Klimoski，1994）和穆罕默德（Mohammed，1994）认为它对组织或团队的绩效有明显的直接促进作用；玛蒂厄（Mathieu，2000）和马克斯等（Marks et al.，2002）经过实验室的实验结果表明，组织共享心智模型与组织内部的沟通、协调、支援行为等过程变量均存在显著的正相关，并且通过这些过程变量的中介间接促进组织或团队的总体绩效提高。麦凯恩等（McCan et al.，2000）则通过实验室的实验结果表明，组织共享心智模型可提高组织成员之间相互适应与信任能力，并可减少对语言交流等沟通手段的依赖；马克斯等（Marks et al.，2000）的实验室实验结果则表明组织共享心智模型可以帮助组织成员共同适应新的任务情境，提高共同作业的效率，马克斯（Marks）认为这是由于面临新情境或新任务时，组织成员之间首要的是达成对任务和情境的共识，凭借一致的心智模型，组织内部可以在合作过程中形成正确的策略，而坎农（Cannon M D，2001）和埃德蒙森等

（Edmondson et al.，2001）的研究进一步发现，当工作处于低负荷时，组织成员之间能够自由充分地沟通，从而达成策略时，组织共享心智模型的作用则不太明显，而当工作负荷增大，时间压力增加或者其他一些因素——组织成员之间不能通过沟通形成策略时，这时候组织成员之间的良好合作就必须依赖于组织成员对问题情境快速形成一致性认识，此时共享心智模型的作用就充分体现出来了。

（4）组织共享心智模型的测量研究。组织共享心智模型的测量研究目前尚是一个薄弱环节，许多方法尚且存在不同的争议，比较常用的方法有，一是概念映射法（concept mapping）。其测量步骤是通过对组织工作流程所必需的步骤或概念的分析以形成一个概念集合，然后，要求组织成员从概念集合中选取他认为完成工作所必需的步骤或概念，填入他实际工作的流程图中，以计算相关概念的重叠指标而分析出组织共享心智模型的构成情况；二是相似性评定法（similarity rating）。其步骤是通过对组织工作流程进行分析，概括出组织工作所需求的概念或特质，然后采取对偶比较方式，让组织成员评定两两概念或特质之间的相似或者关联程度，从而得到一个不同阶段的 $n \times n$ 下对角矩阵，以分析出组织共享心智模型的相关指标水平（一般采用 Liert 7 点或 9 点量表评定），此方法又分 Pathfinder 和多维标度（Multidimensional Scaling，MDS）两种具体分析方法；三是卡片分类法（cart sorting）。其步骤是通过对组织工作流程进行分析，概括出工作过程中的核心概念或特质，并写在卡片上，一张卡片写一个概念，组织成员根据概念之间的关系把卡片分成若干类，并给每一个类命名，每一个人的分类结果形成一个元素为 0 或 1 的下对角矩阵，然后通过计算 Phi 值来分析组织共享心智模型的一致性状况；四是问卷法。多用于现场研究，问卷的项目为组织工作流程，工作环境，组织成员行为等的描述，通过在 Liert 量表上表达自己的态度，用组内一致性指标（within-group agreement，r_{wg}）来衡量组织成员心智模型的一致性程度。r_{wg} 是詹姆士、德玛瑞和沃尔夫（James，Demaree & Wolf，1984）等人提出的一个指标，后经邓拉普（Dunlap）与莱文斯克（Levesque）等人的发展，现在已比较成熟。以上这些方法目前虽然在许多方面存在争议，如测量的内容是什么，测量水平是个体、团体还是组织问题，测量强调的是心智模型的相似性，还是正确性问题，但这些争议不妨碍我们后面在进行实证分析时，对这些方法有关的分析技术与度量指标上的参考与借鉴。因而对这些方法的学习与掌握对我们进一步的研究具有重要的方法论的指导意义。

1.2.3 上述两者相互关系的研究现状

目前这方面的直接文献尚未找到，但相关的研究则早已出现，麦凯恩（McCan，2000）就曾对知识项目团队中团队成员的共享心智模型的作用做过实证研究，但研究的目标主要集中在完成工作过程的绩效方面，没有就知识创新问题进行分析，后来，马克斯（Marks，2002）、沃普（Vople，2003）、武欣（2006）、吴志明（2006）等也做过类似的研究，但都没有就共享心智模型对团队知识创新行为的影响进行分析；中国学者余光胜（2000）曾就组织学习中组织共享心智模型的作用做过分析，林祥（2004）则通过把组织共享心智模型纳入到组织核心资源的范畴，对组织共享心智模型在组织发展战略制定与实施中的重要作用进行过分析，但这些研究目前皆停留在理论上，尚没有实证研究的成果出现。

1.2.4 评价与启示

上面围绕基于组织共享心智模型的组织知识创新管理研究这个主题，我们对组织知识创新管理、组织共享心智模型以及组织知识创新管理中组织共享心智模型的作用做了相关的文献综述，这些已有文献中大量的研究成果记载了相关领域的研究现状及最新进展情况，为我们进一步研究奠定了基础，但从中所反映出的一些尚未解决的问题存在，又为我们进一步的研究留下了空间和机会：

（1）组织知识创新管理作为一项新兴的管理实务，通过短短的20多年的实践发展，其各项具体内容所呈现出的相关特征已逐渐被人们所认识，与传统的管理实务相比，组织知识创新管理各项具体内容的相关特征主要体现在：管理过程的内隐性①，管理组织结构的学习性，管理激励机制的内部性，管理战略的内生性，管理成果与绩效的内涵性②，这些特征以上相关文献皆有所论述。这些特征给我们提供的启示是：能否为组织知识创新管理构建一种内在统一性的支持载体，使它成为推动组织知识创新过程发展、促进组织学习、交流开展、增强组织知识创新力开发、推进组织知识创新战略抉择、加快组织知识创新成果传播的原动力，这一点目前相关的研究文献还没有具体明确的阐述，这就为我们进一步的研究提供了契机，也构成了本研究需要解决的第一个关键性问题。

（2）假设我们提出的组织共享心智模型能够成为组织知识创新管理中内在统一性的支持载体，那么这个支持载体的形成与发展过程是否具有我们能够认识与把握的一般规律性，如果这个载体不具有或者即使具有形成与发展过程的一般规律性，但不能够为我们现在所认识与把握，那么这个载体相对于我们现在的认识与管理水平来说，还只是一种偶在的现象，而不是一种常在的现象，就还不能成为我们建立一种常规性的长期性的管理制度的基础。而根据上述文献综述我们可以看出，目前虽然很多学科领域都在开展对组织共享心智模型的形成与发展过程的研究，也取得了不少较有代表性的相关研究成果，但总体来看，这些研究理论主要侧重于对组织共享心智模型形成与发展过程的各种影响因素的分析，尚没有达成一个统一的有关组织心智模型形成与发展过程内在一般性规律方面的认识，如何运用相关的理论与分析方法来揭示出组织共享心智模型形成与发展过程的内在一般性规律，从而使得组织共享心智模型能够成为我们今后在组织知识创新管理实践中可供我们加以利用与操作的有效工具就成为本课题所要解决的第二个关键性问题。

---

① 组织知识管理的过程涉及组织中大量隐性知识的转化、转移、演化与积累。
② 组织知识创新成果往往蕴涵在组织成员的创新行为中，而不能完全通过具体的物化成果来衡量。

（3）假设组织共享心智模型的存在与发展具有我们能够认识与把握的一般规律性，能够作为我们建立组织知识创新管理内在统一性的支持载体，那么这个支持载体对组织知识创新的过程、对组织知识创新战略的抉择、对组织知识创新成果的传播等具体管理内容的作用机理又是怎样的？根据上述的文献研究，我们知道，目前对组织共享心智模型的作用研究还只是局限于对传统管理的绩效分析，而对组织知识创新管理的作用分析还是一片空白，要填补这片空白，就需要我们对以上所提出的相关内容进行逐一具体的分析，这就构成了本书所要解决的第三个关键性问题。

（4）假设组织共享心智模型对组织知识创新管理的各项具体作用，从理论逻辑上分析能够成立，那么其实际作用的效果又将如何，如何设计出一套科学有效的测度条款与测度模型来对组织共享心智模型在组织知识创新管理实践中所发挥的作用效果进行实证分析与检验，这就构成了本书所要解决的第四个关键性问题。

1.3

本书的研究目标与主要内容

1.3.1　本书的研究目标

在上述文献评价与启示中，我们提出了四个有关组织知识创新管理中组织共享心智模型作用须待进一步研究与解决的关键性问题，本课题的研究目标正是以此为基础确立起来的，旨在全面深入地揭示出与上述四个问题相关的组织共享心智模型在组织知识创新管理过程中作用的机制与规律，其具体研究目标设定如下：

（1）通过对组织知识创新管理各项具体内容及其相关特征的分析，以阐明在组织知识创新管理过程中构建内在统一性支持载体的必要性问题，从而指明了提高组织知识创新管理效率的可能性基础。

（2）通过对组织共享心智模型存在与发展的一般性规律分析，以论证组织共享心智模型成为组织知识创新管理过程中内在统一性支持载体的可行性问题，从而奠定了提高组织知识创新管理效率的现实性基础。

（3）通过分析作为组织知识创新管理中的内在统一性支持载体，组织共享心智模型对组织知识创新管理各项具体管理功能产生影响与作用的内在机理，从而形成基于组织共享心智模型的组织知识创新管理研究的理论框架。

（4）通过对组织知识创新管理中组织共享心智模型实际作用效果的实证分析与检测，从而对基于组织共享心智模型的组织知识创新管理的实践基础进行验证，同时探寻如何充分发挥组织共享心智模型在组织知识管理中的各项基础性作用，以提高组织知识创新管理效率的各种可能性管理途径。

1.3.2　主要研究内容

本书共分九章，第1章：绪论。主要包括本书的选题背景、研究意义、国内外相关文献综述及对国内外研究现状的评价与启示、主要研究内容、研究方法、研究技术路线与研究创新等；第2章：组织知识创新管理的相关概念界定与内在机理分析。本章通过对本书的核心概念组织知识创新的内涵与特性进行深入全面的界定，引出了组织知识创新管理不同于其他专项管理模式的独特运作基础与管理运行特征，分析了构建组织知识创新管理内在统一性支持载体的必要性与可行性，并探讨了组织共享心智模型作为组织知识创新管理内在统一性支持载体的重要意义；第3章：组织共享心智模型形成与演化的过程与前因分析。本章论证了作为组织知识创新管理中内在统一性支持载体的组织共享心智模型的存在与发展过程的一般规律性，以及影响组织共享心智模型存在与发展过程的各种因素，由此得出了组织共享心智模型作为组织内部一种常在形式能够成为组织知识创新管理内在统一性支持载体的结论，并提出了须待后面进一步进行实证研究的相关假设；第4章：组织共享心智模型对组织知识创新能力开发的作用分析。本章通过对组织共享心智模型在开发组织知识创新能力过程中所发挥的各项具体作用进行分析，形成了相关的数理分析模型与分析结论，并提出了须待后面进一步进行实证研究的相关假设；第5章：组织共享心智模型对组织知识创新战略形成的作用分析。本章通过对不同组织共享心智模型背景下组织知识创新战略形成过程的不同"轨迹曲线"的分析，探寻了组织共享心智模型对提升组织知识创新战略内在集成能力的内在价值意义基础与隐性知识基础，并形成了相关的数理分析模型与分析结论，最后提出了须待后面进一步进行实证研究的相关假设；第6章：组织共享心智模型对组织知识创新成果传播的作用分析。本章通过深入分析组织知识创新成果内部传播过程背后所隐藏的种种复杂因素及其作用规律，提出并论证了组织共享心智模型中共享的组织隐性知识结构与内在价值信念结构的互动一致性将最终决定组织知识创新成果内部传播效率的长期均衡水平的原理，最后提出了须待后面进一步进行实证研究的相关假设；第7章：基于组织共享心智模型的组织知识创新管理研究的实证设计。本章首先对第3章至第6章的基于原理分析基础上所提出的共14项相关假设关系进行综述，然后根据这些假设关系构建了实证研究模型，最后对实证研究的调查问卷设计方法、样本选择及调查结果作了具体的说明；第8章：数据分析与模型检验。本章首先对数据分析的基本统计原理以及判断模型拟合优度的统计指标进行了简介，然后对观测变量（指标）进行了基本的统计描述，并对潜变量（因子）衡量进行了探索性因素分析、信度与效度检验，最后就模型给出的有关组织共享心智模型的形成前因以及对提高组织知识创新能力、组织知识创新战略集成能力与组织知识创新成果内部传播效率的影响后果的实证分析结论进行了评价与说明，并给出了相应的改进措施及修正建议；第9章：总结与展望。本章对本书所取得的一些初步性成果以及相关的研究局限与不足进行了总结，并对其实践应用价值以及未来进一步研究的方向进行了展望。

1.4

研究方法、技术路线与创新

1.4.1 研究方法

正确的研究方法是研究工作能够成功进行的基础和前提。研究方法是由所选择的研究对象决定的。对基于组织共享心智模型的组织知识创新管理研究涉及认知心理学中的认知学习理论，社会学中的交往行为理论，经济学中的企业理论，管理学中的组织管理理论、战略管理理论、绩效管理理论、创新管理理论等，在许多领域，这些学科在发展过程中都有其特定的具体的方法，将这些不同学科领域的具体方法全部罗列出来显然是不适当的，也是不必要的。因此，笔者认为，对基于组织共享心智模型的组织知识创新管理研究应紧紧围绕组织知识创新与组织共享心智模型的关系这一主题，对认知心理学、社会学、经济学与管理学中人所共知的各种具体的特定的方法本研究在此存而不论，而是把隐藏在本研究背后的内在分析逻辑和基本方法原理凸显出来，从总体方法论的层面上对此作一个专门的介绍。

（1）个体分析与整体分析相结合的方法。个体分析与整体分析是社会科学研究中两种相对的分析方法：个体分析作为一种方法论最早由熊彼特在1908年提出来，后在英国科学哲学家马可·布罗格的《经济学方法论》中得到系统的阐释，其核心观点认为："只有从个体的信仰、态度和决策方面看，对于社会政治和经济方面的现象的解释才能被视为是充分的。……（而方法论的整体分析）则假定社会整体有它自己的目的和功能，而这些整体的目的和功能是不能简化为组成它们的个体的信仰、态度和活动的"（Mark Blaug；1990）。也就是说，方法论的个体分析的核心内容在于把个体看做是分析和规范化的基础，而方法论的整体分析则将不可再分的组织集团的行为作为分析的基础，"推崇方法论个体分析的研究者认为，任何行为都是由一些个体做出，一个集体的行为或活动总是经由一个人或多个人做出一些有关这个集体的行动而表现出来的，同时集体是无法被具体化的"（余光胜，2000）。尽管我们难以发现积极倡导方法论整体分析的人，但确实可以找到一些自觉或不自觉地运用这一方法的学者，他们研究的起点或单位不是个体，而是个体的集合，例如，马克思的阶级分析理论就是成功地运用方法论整体分析的一个典型范例。"从表面上看，方法论的个体分析和方法论的整体分析势不两立，但实际上，两者的对立并不像想象得那样尖锐，他们存在相辅相成之处。因此，应将方法论的个体分析与方法论的整体分析结合起来"（余光胜，2000）。就本书而言，将方法论的个体分析与方法论的整体分析结合起来无疑是有意义的，本书中的知识包括个体知识与组织知识两个方面，但从严格意义上来看，知识是个体产生的，没有个体，组织就不能创造知识，个体的内隐知识是组织内部知识创新的基础。但是，个体知识并不是组织知识的全部，它仅仅是构成组织知识的要素，因此我们还必须关注组织知识，专门研究组织知识的形成与创新规律。根据组织功能的不同，组织知识可能大于、等于或小余个体知识之和，因此，进行组织知识的有效创新，就必须使组织能够为创造性的个体提供支持，提供条件，提供适合富有知识创新力的组织成员学习与工作的环境，使得基于个体的内隐知识流动起来，使得组织整体知识创新能力不断增强，而这正是本书所要分析的核心内容。

（2）自组织系统超循环协同方法。自组织理论认为企业及其他组织通过与外界进行不断的物质、能量和信息交换将会形成一个自组织系统，而本书则进一步认为组织内部各组织成员之间从学习交流、人际交往到组织内在各种有序状态（如组织共享心智模型、组织思维方式、组织语言、组织记忆、组织视野、组织文化）的形成以及各种新知识、新制度、新技术和新产品的产生皆表现为一个自组织系统超循环协同过程。吴彤在《自组织方法论研究》一书中对自组织系统的超循环协同过程进行了具体的研究（吴彤，2001），其主要观点有，一是超循环协同是指多个循环子系统之间通过协同作用而形成的更复杂的循环系统，即循环系统套循环系统再套循环系统，超循环协同意味着存在非线性作用，相互协同和合作，自发产生有序结构，从而使组织系统具有自复制、自适应和自进化的功能；二是以循环的形式进行物质、能量与信息的利用、交换与交流，可以使组织获得可持续发展的动力资源，这是自组织系统内部协同与合作最经济的自然选择；三是运用超循环协同思想能够产生创造性思想，创造性除了极少数的原创性之外，大量的创造性实际上都是原有要素的重新组合，在重新组合过程中，会产生新的虚拟要素，再经过协同与合作作用后，就可能产生一系列新的创造性思想；四是创造性运用和构成超循环协同方法的关键在于：除了首先要学会重新组合原有要素各种平面式有序结构的循环协同方法外，还要从平面有序结构跳跃出去，从不同层次对研究对象进行交叉协同催化。目前，自组织超循环协同方法越来越受到经济学家与管理学家的重视，比如，熊彼特提出的经济创新思想就是一种超循环协同思想，即创新——经济增长——模仿——经济衰退——经济危机——新的创新（熊彼特，1961）；彼特·圣洁在《第五项修炼》中，对组织学习与组织知识创新的互动过程分析中就广泛使用了超循环协同的研究方法（Peter Senge，1990）。杨小凯、黄有光在《专业化与经济组织——一种新兴古典微观经济学框架》中也使用了超循环协同的研究方法（杨小凯、黄有光，1999），林祥在《企业核心资源理论与战略》中则把基于企业核心资源的企业三角形战略模型构建看做是一种超循环协同过程（林祥，2004）。本研究中对组织共享心智模型形成过程的拓扑心理学分析[①]，对组织知识创新战略形成过程的协同学分析，对组织知识创新成果传播效率的演化博弈论分析，皆是在自组织超循环协同方法论指导下展开的。

（3）实证研究与规范研究相结合的方法。本书以基于组织共享心智模型的组织知识创新管理为研究对象，以上海、浙江、江苏三地区数十家企业近五百名员工为样本来源，检验了组织知识创新管理中组织共享心智模型作用的各种前因与后果，在对实证数据的分析和模型检验过程中，所使用的研究工具主要是 SPSS（SPSS 11.5 for Window 统计软件包）和结构方程模型 LISREL（LISREL 8.70 统计软件包），所采用的具体研究方法包括：探索性

---

① 库尔特·勒温. 拓扑心理学原理［M］. 浙江教育出版社，1997.

因素分析、内部可靠性检验、验证性因素分析、结构方程模型检验、单因素变量方差分析、多元回归分析等。但本书虽然以实证研究为主，却仍以规范研究作为实证研究的前提基础，通过收集、研究与主题相关的文献资料，分析其中所体现出来的特征、关系和变化，阐释、综述资料的多种含义与结构，归纳、分析资料中所包括的主题、模式和意义，挖掘其中所体现出来的各种状态和趋势，比较全面系统地探讨了组织共享心智模型的形成过程，以及组织共享心智模型与组织知识创新能力、组织知识创新战略集成能力、组织知识创新成果内部传播效率之间各种错杂复杂的关系及其规律，并形成了相关的以供最后进一步实证研究的基本分析原理与假设前提。

1.4.2 研究技术路线

本书的技术路线如图 1 - 1 所示。

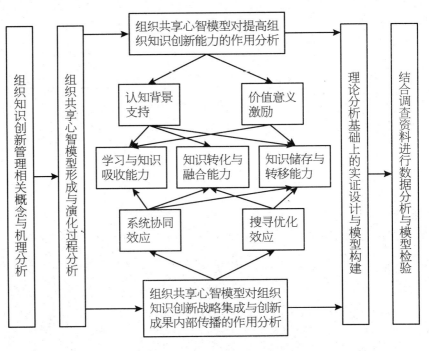

图 1 - 1　研究的技术路线

1.4.3 主要成果及创新点

本书是建立在众多前人研究成果的基础上的，但同时，本书自身又有一些创新之处，主要创新点体现在以下几个方面：

（1）通过对组织知识创新管理内在运作机制的深入分析，提出了组织知识创新管理所面临的核心问题是在全体组织成员中构建一个内在统一性的隐性知识共享与价值意义共享的支持载体，并由此论证了组织共享心智模型在组织知识创新管理中的基础作用与重要意义。

组织知识创新管理作为一项新兴的管理实务，与组织中传统的产品创新管理、技术创新管理及制度创新管理相比，存在着诸如管理过程的内隐性；管理组织的学习性，管理激励的内在性（激励机制的内部化），管理战略的内生性，管理成果与绩效的内涵性等一系列明显不同的新特征，基于对这些新特征的分析与认识，能否为组织知识创新管理构建一种内在统一性的支持载体，使它成为推动组织知识创新过程的发展、推进组织学习交流的开展、增强组织内在知识创新能力的开发、促进组织知识创新战略内在集成能力的提升、促使组织知识创新成果内部传播效率的提高等一系列组织知识创新管理行为背后的原动力，就成为当前各级组织在进行组织知识创新管理过程中所必须着力解决的一道核心课题。针对这一核心课题，国内外不同研究者曾从不同的研究角度出发，皆进行过系统深入的分析，并形成了众多的对策方案，这些对策方案为本书的进一步开展提供了重要的思想契机，本书则通过引入组织共享心智模型这一基本概念，从而揭示了组织知识创新管理内在统一性载体的内涵与本质，并把对组织知识创新管理核心问题的研究进一步推向了深入。

（2）针对目前很多学科领域尚没有达成一个统一的有关组织心智模型形成与发展过程内在一般性规律方面的研究结论的现状，本书尝试运用社会学中的交往行为理论与数学中的拓扑学方法来分析组织共享心智模型形成与发展的普遍一般性规律，从而论证了组织共享心智模型作为组织知识创新管理一项长期有效的基础制度设置的现实可行性。

　　组织共享心智模型作为组织知识创新管理内在统一性的支持载体，其形成与发展过程必须具有我们能够认识与把握的一般性规律，否则我们就不能在实践中对其加以改进与利用，以提高组织知识创新管理的整体效率。但目前虽然许多学科领域都在开展对组织共享心智模型的形成与发展过程的研究，也取得了不少较有代表性的相关研究成果，然而总体来看，这些研究理论主要侧重于对组织共享心智模型形成与发展过程的各种影响因素的分析，尚没有达成一个统一的有关组织心智模型形成与发展过程内在一般性规律方面的认识。本书则尝试从符号交往理论的崭新视角来分析与说明组织个体成员如何通过长期的社会人际交往、组织学习与经验交流最终达成一个组织全体成员之间共同拥有的心智模型即组织共享心智模型的过程，揭示出从组织成员个体心智模型到组织共享心智模型形成与发展过程的内在一般性规律，并由此论证了组织共享心智模型作为组织知识创新管理内在统一性支持载体的现实可行性。

　　（3）尝试运用选择算子模型、协同学理论、演化博弈论等相关理论与方法，分别揭示了组织共享心智模型对组织知识创新能力、组织知识创新战略集成能力、组织知识创新成果内部传播效率影响与作用的内在原理和具体过程。

　　组织共享心智模型作为组织成员之间内在隐性知识共享与内在价值意义共享的统一性载体，能够为组织知识创新管理提供共同的隐性知识背景的支持与价值意义的激励，这一点必须要通过对组织知识创新管理过程中组织共享心智模型产生与作用的各种原理与机制的分析才能得到明确。本书尝试运用选择算子模型、协同学理论、演化博弈理论等理论与方法分别揭示了组织共享心智模型对组织知识创新能力开发、组织知识创新战略内在集成能力提升、组织知识创新成果内部传播效率提高影响与作用的内在机理与具体过程，从而形成了基于组织共享心智模型的组织知识创新管理研究的总体理论分析框架。

　　（4）结合规范研究基础上所提出的各项具体原理与假设前提，尝试运用当前处于统计分析技术前沿的结构方程模型对组织知识创新管理中组织共享心智模型的各项实际作用效果进行了实证分析与检验，并产生了较好的测度条款与测度模型。

　　本书在规范研究的基础上提出了一些基本原理与假设前提，然后尝试运用当前处于统计分析技术前沿的结构方程模型对组织知识创新管理中组织共享心智模型的形成前因与各项具体作用后果进行了实证检验。实证检验中各项潜变量因子的衡量方法与衡量条款主要是在参考借鉴国内外相关学者的研究基础上进行重新的建构形成的。经过本书对这些潜变量因子衡量的信度和效度的检验，发现大多数衡量条款都是合理有效的，本书对这些潜变量因子的衡量条款、衡量方法与衡量模型无疑对今后的相关研究具有一定的参考价值。

第 2 章

组织知识创新管理的相关
概念界定与内在机理分析

　　本书的中心内容是基于组织共享心智模型的组织知识创新管理问题，因此，组织知识创新是本书的核心概念，围绕这一核心概念，我们引出了组织知识创新管理不同于其他专项性管理模式的独特的内在管理运作基础及管理运行特征，而这里又涉及了组织共享心智模型在组织知识创新管理中的特殊作用，所有这些因素便构成了我们对组织知识创新管理内在机理分析的基本内容。下面我们首先对组织知识创新概念作一个全面的界定，然后对组织知识创新管理的内在机理作一个具体深入的分析。

2.1
组织知识创新概念的界定

　　关于组织知识创新概念的界定标准，目前学术界尚未达成一致性的结论，不同的研究者从不同的角度分别对组织知识创新的概念做出了相应的界定，本书分别从组织知识创新的含义认定与特征界别两个方面将有关组织知识创新概念界定的相关文献观点列举出来，在此基础上再添加笔者自己一些相关的评述与研究结论。

2.1.1　组织知识创新的含义

"创新（innovation）"是一个外来词，大约是 20 世纪七八十年代从英文翻译传入我国，在英语里，"创新"则是一个古老的词，起源于 15 世纪。但在 20 世纪以前，"创新"一直是一个普通词汇，并未引起人们的特别关注。1912 年，约瑟夫·熊彼特（J. A. Schumpeter）将"创新"概念引入经济学研究中，提出了"创新理论"，"创新"逐步成为一个备受人们关注的经济学专业名词。熊彼特认为："经济增长并不是由于资本、劳动力等生产要素的增加所引起的实物性增长，而是创新所引起的增长。""创新是企业利润的源泉。"事实也证明，创新对经济增长的贡献率已由 20 世纪初的 5% ～ 10% 上升到后来的 50%，再到今天的 60% ～ 80%，证实了熊彼特论断的正确性，并由此引申出了一个被人们所普遍接受的观点：一个国家或一个经济组织的竞争能力很大程度上取决于其创新能力（苏新宁，2001）。

"知识创新"是 20 世纪 90 年代才出现的新概念①。在传统经济时代人们更多关心的是产品创新与技术创新，而随着知识经济时代的到来，知识在社会经济活动过程中的要素化②与本位化③作用不断加强，知识创新成了经济发展的生命线，知识经济的发展主要依赖于知识创新，知识经济的产生就

---

① 美国国家科学技术委员会在 1996 年的一份报告中首次明确提出了"知识创新"这个概念，并随之引出了学者们的广泛关注与热烈讨论。

② 1982 年罗默首次把"知识"作为一种独立的生产要素引入其内生增长模型中，分析了"知识外溢"对经济增长的影响，后来卢卡斯，阿里·扬对此进行了更深入的研究。

③ 华民在其《新经济、新规则与新制度》（上海科学技术出版社，2002 年版）一书指出：本位化生产要素是指不同经济时代处于基础地位生产要素，如农业经济时代的本位化生产要素是土地，工业经济时代的本位化生产要素是资本，而知识经济时代的本位化生产要素则是知识。

是知识创新的结晶，知识经济的竞争实质上就是知识创新的竞争①。目前学者对"知识创新"的研究主要是通过两个纬度来具体开展的，一是组织知识创新的维度，二是国家创新的维度。本书的研究则是沿着前一个维度来开展的。下面我们首先来考察一下组织知识创新的具体含义问题。关于组织知识创新的含义，相关的文献有很多不同的论述，综合起来大致包括以下几个方面的内容：

（1）组织知识创新是指一个组织为提高自身的竞争能力，创造、发展、交流和应用新的想法，使之转化为市场适销的商品与服务的活动，这种活动加速了新思想的创立、流动和利用，从而促进了企业的成功、国民经济的活力和社会的进步（DebraM. Amidon，1993；Teece Prahal，1998，2002；翟丽，2000）。这个定义重视组织知识创新的社会经济与组织发展的意义，认为组织知识创新是整个社会内在价值系统的创新，而不仅仅是单个企业组织价值链的创新（Rebra M. Amidon，1993），强调组织知识创新中的"合作双赢利益"，而不再是传统的"竞争输赢利益"，强调客户、消费者价值的实现与成功，而不再是传统的客户、消费者的保持与满意，强调组织知识创新过程中，不同组织之间学习型联盟（learning alliance）与战略性知识网络的构建，而不仅仅是传统的产品型、技术型联盟与单个组织内部知识库的设立（Teece Prahal，2002）。

（2）组织知识创新是以组织成员中间分布的可转移、可转化、积累与共享的各种显性知识（包括结构化和非结构化的知识）与隐性知识为铺垫，经过知识集成与人脑加工生产出新知识的过程（Karl Polanyi，1958；Ikujiro Noraka，1991；Hirotaka Takeuchi，1991；Lliroyuki Itami，1993）。这个定义揭示了组织知识创新是知识在组织内部相互转化的过程，这个过程需要组织

---

① 在传统的工业经济时代，由于企业外部环境变化缓慢，产品创新与技术创新几乎就是企业创新的全部，其主要目标就是提升企业的产品质量与技术水平。但随着知识经济时代的来临，企业仅仅靠产品创新与技术创新已无法满足快速变化的且越来越多元化的市场需求，只有大力倡导和推行知识创新，现代企业才能在持续变化的市场环境中赢得发展先机。与产品创新和技术创新相比，知识创新的范围更为广泛，不但贯穿于整个企业的基本框架、流程、产品、技术和战略等不同领域与层面，而且更加关注这些领域与层面的知识基础和知识积累与更新，知识创新的作用也更为重要，决定着企业竞争优势的强弱与持久性以及企业的胜败存亡（王能元、霍国庆，2005）。

成员之间隐性知识与显性知识的相互作用，其中隐性知识是存在于组织成员个人头脑中的，存在于某个特定环境下的难与沟通的知识，而显性知识则是经过编辑的，可以用正规化、系统化的语言来转达的知识，但显性知识只是整个知识体系中一小部分，只能算是露出水面冰山的一角，显性知识往往需要隐性知识的支持，才能得到较完全的理解与把握，隐性知识则需要通过各种形式的转化，才能为其他组织成员所接受与共享。因此，组织中的隐性知识与显性知识往往相互依存，相互补充，内在于一个组织共同体中，它们在组织知识创新活动中，相互作用，相互转化、转移与积聚，从而形成了一个组织知识创新的"螺旋上升"的过程（Ikujiro Noraka、Hirotaka Takeuchi，1991）。

（3）组织知识创新是组织成员通过共同的学习、研究与开发，在思维范式与认知观念变革基础上获得各种有利于组织生存与发展的制度性与技术性新知识的行为（Drucker，1984，1999；Meize，1995；Peter M. Senge，1995；路甬祥，2000；何传启，2003）。这个定义说明了组织知识创新是一项"组织系统性工程"（Drucker，1999），它不仅仅是一种技术性术语，而且是一种组织制度术语，还是一种思维范式与认知观念的术语，其判定标准不仅仅是组织的产品与技术，而且是整个组织管理思维概念的一种变革，是一种组织新价值，这种组织新价值需要一个具有完整性的创新体系的组织来实现，国外称这种组织为学习型组织（learning organization），这是"一种能不断增强自身知识能力，以创造他们所要创造的东西的组织"（Meize，1995），是"一种具有根深蒂固的对变化和不确定环境能不断进行预测，采取行动和反映的组织"（Yoges Mahotra，1998），是"一种能不断开拓创新的，培育新颖的、拓展型思维的组织"（Peter M. Senge；1995），正是这样一种学习型组织主体提升了组织成员的知识获取、利用、共享与更新的能力，加速了组织内部知识创新的过程。

2.1.2　组织知识创新的特征

组织知识创新作为一种新型的综合性的组织创新活动，与传统的组织技术创新、组织制度创新和组织管理创新相比较，呈现出很多明显不同的特征，对这些特征的认识与评价，有助于我们对组织知识创新的概念进行更深入地理解与把握。目前涉及组织知识创新特征认定的研究文献有很多，其主要内容大致有以下几个方面：

（1）组织知识创新目标价值的意义共享性。组织知识创新的推动力是组织知识创新目标（翟丽，2000），但这种目标只有被全体组织成员所理解与认同，目标的价值意义为全体组织成员所共享才能发挥激励作用。因为知识的宿主是个人，知识的创新首先表现为组织成员个人的知识创新活动，在实践中往往是全体组织成员围绕某个共同的知识创新目标相互协调、合作而从整体方面表现出一种组织知识创新能力，这种整体组织知识创新能力需要各组织成员在日常工作与活动中去主动学习、感受和搜集各种相关的数据、信息和知识，并且判断每一项信息、数据与知识的创新价值，从中发现对组织知识创新有利的各种机会，这一系列行为的背后，必须要有组织知识创新目标所产生的价值意义激励来提供推动力，如果组织知识创新目标不能够被全体组织成员所认同与理解，其价值意义不能够被全体组织成员所共享，就不能够在全体组织成员中激发主动的创造力，孕育无限的驱动力，不能使组织成员的行为思想收敛到一个方向，从而产生巨大的凝聚力，这样就会使组织的整体创造力丧失了进一步提升的各种潜在机会（Peter M. Senge，1995；Gary Hamel，1996；郁义鸿，2000）。

（2）组织知识创新内在基础的信息充分性。组织知识创新需要组织成员之间各种相关知识的充分共享，而这种共享则需要依赖组织内各种信息的充分性。这种信息的充分性并不是指不必要信息的复制、浪费或过载，而是指保存那些不属立时之需的信息，因为组织知识创新是一项面向组织未来发展的活动，由某个组织成员个体产生的新概念也许不能被其他组织成员马上接受或理解，但是充分的信息可以促进组织成员之间各种隐性与显性知识的分享，促使组织成员可以跨越彼此的功能界限，掌握来自不同职能部门的额外信息，可以帮助其拓展原有的信息内容，从不同的角度获取新的建议和新的知识，这样，一些原来接触到的不被理解的新概念或许会为全体组织成员指明未来知识创新的方向，从而拓宽了整个组织知识创新活动向前发展的内在基础（Begelman，1997；Theresa，1998；翟丽，2000；王众托，2004）。

（3）组织知识创新具体模式的多样性。组织知识创新实际上是知识在组织内部相互转化的过程，这种转化主要是通过组织中的隐性知识与显性知识相互作用来进行的①。隐性知识与显性知识的转化模式目前认为主要有四种：从隐性知识到隐性知识的转化，称为社会化；从隐性知识到显性知识的转化，称为外部化；从显性知识到显性知识的转化，称为整合化；从显性知识到隐性知识的转化，称为内部化（Ikujiro Noraka，1991）。这四种转化模式的不断轮换构成了组织知识创新的连续的、动态的发展过程。知识转化的社会化模式起始于构建一个互动实践的领域，这个领域能够促进组织成员之间经验与知识的分享；外部化模式是通过运用有意义的对话，采取类比的方式，帮助组织成员探求与表达隐性知识；整合化模式是通过网络方式联结新产生的显性知识与组织中其他部门的现有显性知识，并使之具体化为新产品、新服务；内部化则是通过"做而学习新的显性知识（learning by do-ing）"，并内在化为主体新的隐性知识。每一种知识转化模式所产生的新知识内容不同，社会化模式产生的是"意会的"知识，外部化模式产生的是"概念化"的知识，整合化模式产生的是"系统的"知识，内部化模式产生的是"运营"知识。这四种转化模式所产生的四种知识成果使个体、群体与整个组织之间的知识不断扩散，从而为组织知识创新提供了不竭的源泉（Ikujiro Noraka & Hirotaka Takeuchi，1991；余光胜，2000；芮明杰，2004）。

（4）组织知识创新发展阶段的复杂性。一个组织需要从组织内部获取并创造新的知识需要经历一个复杂的过程，这个过程既涉及上面所讲的隐性知识与显性知识之间的转换，又涉及知识从个体到群体再到整个组织的扩散，我们一般概括地把它分为内隐知识的分享，概念的产生，概念的修正，

---

① 美国学者珊蒂·戈巴拉克利希南（Shanthi Gopalakrishnan）、保罗·比尔利（Paul Bierly）也提出了系统性知识与自治性知识、复杂性知识与简单性知识的相互转化问题，但这些转化本质上还是要以隐性知识与显性知识的相互转化为前提基础的。

原型的建立，知识的跨部门拓展这样五个阶段。其中隐性知识在不同背景、不同观点的组织成员之间的分享是组织知识创新的重要出发点，而概念的产生、修正与原型的建立，则是组织知识创新由潜在的创新意识通过具体化显性概念的形成与筛选，最后转化为有型的创新实体的一个复杂的发展过程，这个过程需要组织内部各成员之间、各部门之间的动态交流与合作，并且需要相应的组织价值系统相匹配，才能有效开展。至于第五阶段的知识跨部门拓展，则更会由于各部门之间的相互妒忌、地盘保护、缺乏激励、缺乏自信、缺乏承诺、知识源的可靠性没有确证、"非此处发明心理（not invented here，NIH）"等一系列复杂因素而将面临各种各样的阻碍与挑战，并最终或许会使创新知识不能通过部门之间的转移而得到顺利升级。所有这些都表明，组织知识创新不是一个简单的线性过程，而是在一系列困难与挫折中不断曲折前进，循环往复，螺旋上升的过程（Ikujiro Noraka & Hirotaka Takeuchi，1991；翟丽，2000）。

2.1.3　概括与评述

通过以上对组织知识创新含义与特征的相关文献观点的列举与比较，我们可以对组织知识创新概念做出如下内容的界定：即组织知识创新是以知识在组织内部的转化为基础，以组织中隐性知识与显性知识的相互作用为中间环节，以组织成员的思维范式与认知观念的变革为根本出发点，以加速新思想的创立、流动和利用为最高目标，通过组织成员的共同学习、研究与开发，以获取有利于提高组织竞争力的各项新制度性知识与新技术性知识的过程，该过程具有目标价值的意义共享性，内在基础的信息充分性，具体模式的多样性，发展阶段的复杂性等特征。组织知识创新概念所具有的这些内在含义与特征，使我们充分认识到组织知识创新与传统的组织技术创新、组织制度创新、组织管理创新存在着显著的区别，后三者往往都是具体知识运用上的创新，而组织知识创新则是对知识要素本身的创新，是对组织整个知识基础与知识体系的创新。因此组织知识创新是一项复杂的系统工程，对这项复杂的系统工程的管理，要求我们必须树立起整体的观念、全局的观念、发展的观念，这些观念将成为我们对组织知识创新管理内在机理进行具体分析的基本思想出发点。

2.2

组织知识创新管理的内在机理分析

对组织知识创新管理的内在机理分析要求我们探讨与回答的几个问题是：什么是组织知识创新管理的核心问题；针对这一核心问题，我们应该具备怎样的内在管理运作基础；围绕着这一内在管理运作基础，整个组织知识创新行为将呈现出怎样的运行规律。

2.2.1　组织知识创新管理的核心问题提出

从前面对组织知识创新概念的具体界定中我们知道，组织知识创新是一项复杂的系统工程，其中涉及组织内部不同知识的各种形式的转化，组织中隐性知识与显性知识的各种互动作用，组织知识由个人向群体、组织的不断扩散与拓展，组织成员之间共同的学习、研究与开发等一系列行为与过程。这些行为与过程的有效运作和开展，必须借助组织知识创新目标的共同价值意义激励，借助组织知识成员中重要隐性知识的快速、成功的转化、转移与共享，而这便构成了组织知识创新管理核心问题的主要内容。因此，组织知识创新管理的核心问题主要是能够为组织知识创新的一系列行为过程的有效运行与开展提供共同价值意义的激励与共享隐性知识的支持，从而使组织知识创新能力的整体提高拥有一个良好的发展平台与背景基础。关于这一点，第 1 章关于组织知识创新管理的理论文献综述中所列举的各派理论皆有所涉及，下面把对此问题有过明确表述的相关观点再进一步介绍如下：

（1）组织知识的积累与演化理论。1959 年，彭罗斯在《企业成长论》一书中，集中研究了企业知识创新促进机制和企业知识积累机制，提出企业知识增长与新知识产生的关键在于企业在知识创新管理过程中能够为企业关联的和正式的知识以最佳解决某一问题的方式转化为程序化的富有针对性的某种新的知识提供有效的转化环境，企业在知识转化与创新方面的"诀窍"的形成与培育是企业知识创新管理的核心问题；纳尔逊和温特在《经济发展的演化理论》一书中则认为，企业组织是一个演化的有机体，其显著特征是企业组织像人一样拥有知识，并且能够生成新知识，但一个企业组织拥有的知识与产生的新知识不是企业组织内任何个人所单独拥有与产生的，在具有一定规模与复杂程度的组织里，组织知识的形成、演化与更新的关键就在于把组织中不同的个人知识记忆与经验技巧（说得出来的，说不出来的）转化为组织一定时期的固有的做事方法，即"组织惯例"，它构成了组织的知识记忆，而这种组织知识记忆反过来又为组织知识的进一步演化与更新提供了共同的认知背景支持与价值意义激励，因此，组织知识创新管理的核心问题便是培育与推进这种有价值的组织知识记忆的形成，以便为组织知识不断更新与增长提供有效的发展平台与背景基础。

（2）组织管理行为理论。西蒙在有限理性假设中，认识到个人的头脑在获取、储存与处理知识方面的能力是有限的，结果是组织生产的效率要求个人专业化于某个特定的领域，进行某一专门方面的知识积累，这种专门知识积累的长期结果往往能使得不同组织成员在不同的领域将会形成某种新知识创造的优势，而组织知识创新管理的核心问题便是把这些不同领域、不同专业产生的新知识通过一个共同的创新目标的激励来进行有效的组织与一体化，以满足组织知识整体创新的要求；后来，塞耶特、马奇在西蒙的有限理性的前提下，通过一个学习型模型把组织知识创新管理看做是组织把组织成员所经历的各种经验知识转化成组织所需的各种新知识的"适应性理性系统"，在这一系统中，核心问题是使组织成员个人行为能基于一些共同信念的激励，并在组织共享的认知背景下形成一种学习与知识创新的循环过程。

（3）哈耶克的知识应用理论。哈耶克（Hayek）在《知识在社会中的应用》一文中明确指出，由于社会分工，导致知识的分立，市场交易通过产品交换、技术转让与各种商业化教育培训等多种形式很好地解决了社会成员个体之间显性知识的交流与共享问题，但显性知识不是社会全部知识的概括，实际上"还存在着许多非常重要但未被组织起来的知识，即有关特定时间和特定地点的具体的个人的内在性知识……但正是在这方面，每个人实际上都对所有其他人来说具有某种优势，因为每个人都掌握着可以利用的独一无二的知识与信息，而基于这种知识与信息的决策只有由每个人作出，或由他积极参与作出，这种知识与信息才能被利用"（Hayek，1945），因此，哈耶克认为"社会经济问题不只是如何分配所赋予的物质资源，而且是如何确保充分利用每个社会成员所知道的知识资源，因为其相对重要性只有这些个人才知道，简而言之，它是一个如何利用并非整体地赋予任何人的知识问题"，而为了充分利用分立在每个人头脑中的并非整体集中地赋予任何人的知识，哈耶克为此提出了要发展一种"自发演进秩序"的系统构想。如果我们用"组织"来置换哈耶克所讨论的"社会"，就产生了组织所面临的知识利用问题，对于一个组织而言，组织的知识同样是以分散的形式存在的，这些知识不被且不能被单个组织成员个体所全部掌握，也没有哪个组织成员个体能够事先充分详细地说明在何时何地什么类型的知识将是相互联系的，因此，组织在很大程度上讲就是一个知识分布系统，它们是高度分散化的系统，如何在这个高度分散化的知识分布系统中构建起或自觉形成一种能为不同的组织成员所认同与感知的"共同逻辑结构"①（Ein Land，1962），以有效推进各组织成员之间进行各种内在相关知识的转移、转化与共享，从而促使整个组织知识分布系统朝着有利于组织自身发展与壮大的方向不断地进行演进与更新，就成为每个组织在对自身知识分布系统进行创新性管理的过程中所面临的一道核心课题。

（4）群体知识创造理论。野中郁次郎、竹内宏高在分析组织知识"螺旋性"创新过程中提出了群体知识创造理论，认为组织作为一个整体创造

---

① 如同社会知识分布系统中的"自发演进秩序"。

新知识，组织知识管理的核心问题便是为知识在组织内部的社会化、外化、整合化与内化提供生成平台，即"场（Ba）①"；后来伊丹敬之也认为，通过在组织内部设置各种组织成员共同采用、共同合作、共同体验的"场（Ba）管理"模式，可以有效地拉近组织成员的心理距离，形成心灵上的默契，加速组织知识的生产与转换，提供组织知识创新管理的效率；一些学者则基于对美国加利福尼亚的硅谷（Silicon Valey）的研究进一步提出了"情场理论"（Viner Allen、Coombs，1998），情场理论认为提高组织知识创新力的关键是交流、联系和创造，组织内部建立无部门界限的宽松的工作环境，自由交换意见的场所，即"场（Ba）"，能够使组织成员共享目标、情报、行动、建立协作与竞争机制、构建内联网、整序组织内部的知识等，这些成为组织知识创新的必要条件。情场理论是以创造、生产有知识创新价值情报的"场（Ba）"为内容的理论，情场理论中最具有代表性的场是"停留场"，即各种具有"沙龙文化"气息的聚会场所，包括酒吧与餐厅等，这种"停留场"能够使很多人聚集在一起，各抒己见，畅所欲言，从而促使组织内部的各类知识通过各种不同途径、不同形式（语言、文字、体语、表情）进行交流与共享，以创造积极进取的组织发展趋势和培养快速高效的组织知识创新思维模式。

（5）内在创新价值系统理论。戴布拉·艾米顿在《全球创新战略：创造价值联盟》一书中通过莲花式创新模型提出，组织知识创新管理的核心问题是建立一套有效的内在创新价值系统，以实现各组织之间、组织内部各部门、各成员之间的整体协作创新，内在创新价值系统是一个基于合作背景与创新背景下的各参与成员与参与单位相互作用构成的网络结构体系，这个体系为创新组织从组织外部与组织内部有效集成各种新知识提供了良好的内在价值意义与知识信息共享的背景基础；后来维娜·艾莉与库姆斯又分别从"知识资源系统"与"核心能力系统"等方面对内在创新价值系统理论的内

---

① "场（Ba）"的概念最早由波兰尼1958年在《个人知识》中提出，后被野中郁次郎、竹内宏高引入组织知识创新过程中，使得组织知识创新过程充满了人文关怀并且揭示了组织知识创新过程中的机理、方法和措施（苏新宁，2004）。

容作了进一步具体的阐述，把知识创新管理的核心问题与组织知识资源的培养以及"核心能力"的形成联系起来，通过组织知识创新管理中的数据层面、程序层面、功能层面、整合层面、更新层面具体论述了组织知识创新管理的核心问题是要在这些层面背后建立起一个统一的知识创新动力系统，这一系统将由共享、创造、维护和更新等过程组成，从而揭示了组织知识创新管理核心问题的主要内容及具体作用形式。

通过以上对组织知识创新管理核心问题的相关理论综述，我们可以发现，组织知识创新管理作为对组织内部知识的各种形式的转化，组织中隐性知识与显性知识的各种互动作用，组织知识由个人向群体、组织的不断扩散与拓展，组织成员之间共同的学习、研究与开发等一系列过程与行为的管理，其核心问题便是通过培养与形成一种"诀窍"（Penrose，1959）、"组织记忆（组织惯例）"（Nelson & Winter，1982），或构建一种"学习型适应性理性系统"（Seet & March，1984），或生成一种"共同逻辑结构"（Ein Land，1962），或设立一种组织生成的共享平台"场（Ba）"（Ikujiro Nonaka & Takeuchi Hirotaka，1991；Hiroyuki，1998）或建立一套内在创新价值系统（Debra M Amidon，1993；Viner Allen & Coombs，1998）等形式为组织知识创新中各种行为与过程的运行与开展提供有效的共同价值意义激励与隐性知识共享背景的支持，从而为组织知识创新能力的整体提高创造一个良好有利的发展环境与基础背景。但这些目标的实现还必须依赖于各级组织能否真正找到并构建起这样一种可以承担起共同价值意义激励与共享隐性知识支持"双重功能"的共享载体，而这也就成为组织知识管理核心问题能否最终得到解决的关键所在。虽然我们前面所列举的"诀窍"、"组织记忆（组织惯例）"、"学习型适应性理性系统"、"共同逻辑结构"、"场（Ba）"、"内在创新价值系统"等也皆有这样的"双重功能"，但这些只是这种共享载体的具体表现形式，我们只有通过对这种共享载体本身的内容与形成特征进行探索与分析，才能使我们对不同组织在组织知识创新管理方面所具有的一些共同特征作出一个一般性的分析，才能使之对不同组织在知识创新管理中的实践发展提供一些总体的指导意义，而这也正是我们要把组织共享心智模型引入组织知识创新管理分析中的根本原因所在。

2.2.2 组织共享心智模型的引入

我们根据认知心理学理论知道，知识作为人类一种心智现象与认知成果，是一种包含了认知主体结构化与非结构化的各种经验、价值观、关联信息以及专家理论性见解等要素的动态组合，这种动态组合在一定时期内一方面以语言文字与逻辑符号等形式表现为认知主体一种显性知识结构与外在价值信念结构；另一方面又以心脑及其各肢体中生物神经之间的惯性化联系等内在形式表现为认知主体一种内在隐性知识结构与内在价值意向结构，认知心理学家把认知主体这种内在隐性知识结构与内在价值意向称为认知主体的心智模型（Rouse，1986；Morris，1986）。认知主体这种心智模型在一定时期内不但为认知主体的显性知识结构提供内在隐性知识的补充与支持，为认知主体的外在价值信念追求行为提供内在精神激励，而且直接影响着认知主体对所遇到的各种结构化与非结构化的新经验、新信息、新价值观、新专家理论见解的筛选与分类以及新的动态组合，从而直接影响着认知主体的知识创新路径趋向[①]。

而对一个组织主体来说，组织知识往往包括了两个不同层次的含义，一是组织中各组织成员主体的知识，这种知识就是我们上面所分析的一般意义上的知识；二是以"组织"作为一个认知主体所具有的知识，这就是本书所有探讨的组织知识。这种组织知识是指包含了组织中各成员认知主体的共同的结构化与非结构化的各种经验、价值观、关联信息以及专家理论性见解等要素的动态组合，这种动态组合也同样以两种方式存在，一种是以语言文字与逻辑符号等形式表现为组织中各成员认知主体共同的知识结构与价值意

---

① 虽然这里认知主体所接触到的各种结构化与非结构化的新经验、新价值观、新关联信息以及新专家理论性见解也对认知主体的内在心智模型产生一定程度的影响，但相比较来说，由于心智模型的隐秘性与潜在性，后者对前者的选择与同化作用更直接、更具决定性，因为不同心智模型往往首先已决定了认知主体获取新经验、新信息、新价值观念、新专家理论见解的不同视角，这一点我们在后面各章还将进行更具体的分析。

义结构，他们往往存在于组织的各类卷宗、手册、信息柜、数据库、文化宣传栏、图标、雕像之中；另一种则以组织成员直接心灵感知、心智共享等认知默契形式表现为组织中各成员主体共享的内在隐性知识结构与内在价值意义结构，认知心理学家把这种组织中共享的内在隐性知识结构与内在价值意义结构称为组织共享心智模型（Cannon-Bowers，1993；Salas，1993）。与前面所分析的个体心智模型一样，组织共享心智模型在一定时期内不仅为组织中的外在显性知识结构提供内在隐性知识的补充与支持，为组织中的外在价值意义结构提供内在的精神激励，而且直接影响着组织中各成员认知主体对所遇到的结构化与非结构化的各种新经验、新信息、新价值观念、新专家理论见解的共同的筛选、分类与新的共同的动态组合，从而直接影响着一个组织整体的知识创新路径趋向。

因此，组织共享心智模型是一个组织中内在隐性知识结构与内在价值意义结构的共享载体，能够为一个组织的知识创新提供共同的价值意义激励与共享的隐性知识支持，它通过在组织全体成员中形成一种内在的"共同知识（common knowledge）"（Grant，1996）与"共同愿景（shared vision）"（Peter M. Senge，1995），从而缓解了组织知识创新过程中因有限理性与意义分歧所带来的各种压力与阻碍，使组织成员的日常认知与学习交流动机和行为意向不断收敛到一个共同的组织知识创新目标之下，以促进组织成员之间已有知识的快速传播与共享，提高组织成员之间相互协同与合作的能力，最终使得组织知识创新的各种过程与行为能够迅速有效的开展与运行，并且使整个组织知识创新的总体行为呈现出一种可持续性，自增强性，无限循环，螺旋上升的发展态势，而组织知识创新总体行为这一发展态势又是由基于组织共享心智模型的组织知识创新行为的两大演变规律促成的，下面我们便对这两大演变规律进行一个具体的分析。

2.2.3　基于组织共享心智模型的组织知识创新行为分析

从上述的分析我们已知道，组织知识创新实际上是知识在组织内部的相互转化过程，这一过程需要组织成员之间共同的价值意义激励，需要组织成员已有知识的快速传播与共享，需要组织中重要隐性知识的成功转移与转化的相互作用，故任何组织的知识创新都是基于该组织的内在价值传统与内在知识存量的创新，是内生于该组织内在知识的生成与转换过程之中的，而一个组织的内在价值传统与内在知识存量以及内在知识的生成与转换过程，又是深深嵌入在该组织的共享心智模型之中的，因此，整个组织知识创新行为与组织共享心智模型之间便存在着明显的边际搜寻倾向（marginal search）与路径依赖性（path-dependence）这两大演变规律，下面我们对这两大演变规律逐一进行一个具体的分析。

（1）边际搜寻倾向分析。所谓边际搜寻倾向是指认知主体倾向于在原有的知识状态"附近"（即边际）搜寻新的知识发现。西蒙在人的有限理性假说中，认为认知主体的认知能力是有限度的，任何认知主体在搜集、储存以及处理信息方面的能力都是有限的，同时认知主体的认知能力受到其原有的知识结构的限制。另外，外部环境是复杂的和不确定的，认知主体所面临的外部环境具有复杂性与不确定性，因此，知识创新的实质是认知主体在这种不确定条件下的逐步试错的搜寻过程，在这个过程中，搜寻总是从边际开始，即从认知主体的知识背景与知识传统开始，因此，组织知识创新并非是随机的，过去的知识结构决定了未来的知识创新趋向（Simon，1958）；奥尔森在他的组织知识创新模型中也认为组织知识创新行为是基于组织所共享的一些基本信念结构与知识结构的，组织知识创新往往首先是由外在环境变动而导致的应用层次上的对新的适应方法的搜寻，然后才导致组织内在知识结构与价值信念结构的创新，这样循环往复，不断演化的（Ohlson，1982）；纳尔逊与温特则认为组织知识创新是组织从原有"惯例"出发根据外部环境的变化逐渐搜寻与形成新的"惯例"，从而演变成组织新的知识结构的过程（Nelson & Winter，1987）；彼特·圣吉则把组织创新看成是组织心智模型的修炼过程，认知主体的心智模型拥有一种"对未来的记忆能力"，认知主体总是寻找与他们既有的可以预见的未来的记忆相联系的发展与创新机会，而这种搜寻过程一方面使组织不断地对自身心智模型进行检视与反省，另一方面也使得组织在不断的新信息筛选过程中对原有心智模型寻求边际上的改进从而导致组织原有知识结构的创新，而这也就是组织心智模型的修炼过程（Peter M. Senge，1995）；中国学者汪丁丁则在多篇文章中阐述过组织知识与观念的创新过程是组织原有的认知注意力的重新搜寻与配置过程，知识具有沿时间与空间上的互补性，而这一重新搜寻与配置又总是从原有的知识与观念的边际出发的（汪丁丁，2001）。

（2）路径依赖性分析。路径依赖性又称为历史依赖性，是指事物发展的未来走向受制于其发展的历史与经验，而组织主体的历史与经验往往表现在组织心智模型的形成与演化中，因此，组织知识创新的路径依赖性表现在组织知识创新与组织共享心智模型的同步演化与相互依赖过程之中，组织知识创新的围绕组织共享心智模型的边际搜寻倾向的直接结果往往就表现为组织知识创新的路径依赖性，这就使得组织知识创新往往沿着某条路径（或轨迹）行进，而决定这一路径的因素就是组织的内在知识结构与价值意义结构，组织在某一时点上的知识结构与价值意义结构是其历史的产物，然而这个结构又决定了下一步可能选择的方向。组织的历史经历构成了组织的知识记忆与信念预期，从而形成了组织共享的心智模型，而组织的共享心智模型又包含了组织知识未来可能创新的方向，正如卡尔·韦克所述：无论什么人也无法做他想不到的事，一个具有知识记忆与学习能力的组织也同样如此（Carl Weick，2002）。因此，在组织知识创新中，其路径选择往往具有很强的内在逻辑（余光胜，2000），这些逻辑影响着组织从事某种知识创新的收益要比其他方面的知识创新的收益要高（内在价值意义结构决定）某种知识创新要比其他方面的知识创新要容易得多（内在知识结构决定）。因此，多西指出：组织在很多情况下能很清楚地分辨出沿着某一方向与途径，知识创新会很快见效，而沿着其他方向知识创新的尝试就会很成问题（Dosi，1999）。另外，组织知识创新虽然也利用其他组织的知识创新成果和公共知识，但绝大部分还是以组织自身的原有知识为基础，每一个组织的知识创新是一个积累性过程，因此，纳尔森和温特称之为"知识创新轨迹"（Nelson & Winter，1982），即知识创新沿着某种固有的轨迹行进。所以，组织知识创新的路径依赖性，使得组织知识的创新趋势是可以预测的，他的路径取向内生于组织原有的内在知识结构与价值意义结构即组织共享心智模型之中。

综上所述，由于组织共享心智模型的基础性作用，组织知识创新往往具有边际搜寻倾向，从而使组织知识创新行为呈现出路径依赖性，而整个组织知识创新过程的发展也便因此呈现出一种可持续性，自增强性，无限循环，螺旋上升的总体发展态势。

2.3

本 章 小 结

传统观点认为，知识是客观的，不同认知主体之间通过网络传输、文字报表资料传送的同一知识内容，对于各认知主体来说都是同质的，现在我们通过对知识进行隐性知识与显性知识划分后知道，网络传输、文字报表资料传送的知识（显性知识）由于不同认知主体的认知背景（隐性知识结构）不同是不同质的，而不同质的知识又由于认知主体不同的内在价值意义结构（它直接影响认知主体的效用评价与排序）而呈现出不同的效应，不同质不同效用的知识决定了认知主体不同的知识创新能力与不同的知识创新方向，因此，同样的知识成果（制度与技术）不同的使用者来使用就会变形，孙子兵法也许只有孙子自己才能真正运用得出神入化，学校相同的教学课程培养出了截然不同素质的学生，硬件技术设备永远解决不了组织知识创新管理中的真正问题，"揣摩知识"也许是学习知识的最恰当用语。所以，认知主体的内在隐性知识结构与内在价值意义结构才是认知主体进行知识创新的真正基础，具有其他认知主体难以模仿与不可替代的特征，构成了其知识创新的核心竞争力（或核心能力）的真正源泉。而认知主体的内在隐性知识结构与内在价值意义结构又是深深嵌入在该认知主体的心智模型之中的，组织认知主体则是该组织的共享心智模型，于是我们把组织共享心智模型引入组织知识创新行为的分析中，而且组织共享心智模型还构成了组织知识创新行为运行与发展的真正内在基础，组织知识创新行为具有沿组织共享心智模型的边际搜寻倾向与路径依赖性（历史依赖性）的规律，其发展具有可持续性，自增强性，无限循环，螺旋上升的态势。这里需要补充的是我们分析的基于组织共享心智模型的组织知识创新行为属于组织自主性的知识创新行为，即罗默、卢卡斯所分析的内生型创新行为（Paul Romer，1982；Robert Lucas，1985），而如果按索洛在新古典型创新模型（R. M. Solow，1956）中把知识与技术创新作为外生变量即外来创新成果的引进与输入，则一个组织的创新发展态势往往是偶然性的、间断性的、突变的、呈不连续的线性上升态势，但也或许会由于缺乏接受主体与输入主体的隐性知识共享与价值意义共享，而曾现出停滞上升的态势，这在很多学习不善导致"外生型"知识创新不成功的组织中可找到明显的例证；另外，熊彼特的"企业家精神"式创新（J. A. Schumpeter，1961）也是打破非均衡、非连续的质变，但这里指的是创新的结果，而不是创新的过程，"企业家精神"式创新的过程应该是连续的、均衡上升的态势。因此，基于组织共享心智模型的自主性知识创新的发展态势是组织知识创新的一种一般性态势，值得我们去做更进一步深入的探讨。接下来的一个问题则是组织共享心智模型的形成问题，既然组织共享心智模型对于组织知识创新行为如此重要（正如个体心智模型对个体知识创新行为一样），它又是如何形成的，其影响因素有哪些，这是我们下面一章要分析的主要内容。

第 **3** 章

组织共享心智模型形成与
演化的过程与前因分析

从第 1 章有关组织共享心智模型内涵的文献综述与第 2 章基于组织共享心智模型的组织创新行为特征分析，我们已知道组织共享心智模型是组织成员共同拥有的内在隐性知识结构与内在价值意义结构，它为组织知识创新管理提供了内在的运作基础，缓解了组织知识创新过程中的有限理性压力，而且直接通过组织知识创新行为的边际搜寻与路径依赖性选择决定着组织知识创新行为的最终发展趋向。因此，构建与培养一个拥有良好协调能力与开拓进取能力的组织共享心智模型，对提高组织知识创新管理的效率具有十分重要的战略意义。但在日常组织活动中，每个组织成员往往都拥有自身独特的心智模型，对同一问题可能有着完全不同的理解，如何同化这些具有差异性的组织成员个体心智模型，促使这些相互之间可能严重对立，甚至冲突的组织成员个体心智模型最终演变与发展出一个组织成员共同拥有的心智模型，就成为每个知识创新管理组织所必须首先要认真探寻与解决的一个关键性问题。本章在参阅大量相关文献的基础上，结合笔者自己的独立思考，从符号交往的崭新视角，在比较了组织成员个体心智模型与组织共享心智模型相互之间转化的内在困难性与潜在可能性等具体因素之后，系统论述了处于一定文化与知识背景下，拥有各自不同的心智模型的组织成员个体之间如何通过长期的人际交往、组织学习与经验交流，最终发展到一个更高的阶段—组织共享心智模型阶段的具体过程，而在这一过程中，诸如语言、文字等符号交往功能，最终是使一个组织的日常学习与知识创新行为发展到一种新形态—心智模型共享化形态—的有效手段。

3.1
个体心智模型与共享心智模型之间的转化

组织成员个体心智模型与组织共享心智模型之间转化的内在困难性与潜在可能性分析：

组织成员个体心智模型与组织共享心智模型是对一个组织全体成员内在心智认知现象在两个不同层次上的描述，两者具有不同的内容规定与外在形式特征。其中，组织成员个体心智模型是组织共享心智模型形成的基础与构成的要素，具有个别性，多样性，具体性，高度分散性等特征，而组织共享心智模型是组织成员个体心智模型发展的高级阶段，具有复合性，相关性，整体性，有机统一性等特征，在一个成员众多的组织环境中，高度分散与差别多样具体的组织成员个体心智模型是如何转化成有机统一复合相关整体化的组织共享心智模型的，这其中既有众多的内在困难性阻碍因素，但随着组织的不断成长与发展，也会出现越来越多的有利驱动条件，这些有利驱动条件构成了组织成员个体心智模型向组织共享心智模型转化的潜在可能性。下面我们对这两个方面分别进行具体的分析。

3.1.1　两者转化的内在困难性

组织成员个体心智模型是组织成员个体内在价值意义结构与内在隐性知

识结构的统一体，其中组织成员个体的内在价值意义结构构成了组织成员行为意向的基础，是组织成员个体一切带有目的性行为的先导，通常与组织成员个体外界的激励条件相联系而形成。而在组织环境里，由于大多数组织是一个以物质利益为基本纽带连接起来的经济组织，因此，员工对物质经济利益目标的追求与结果的预期，构成了组织成员个体内在价值意义结构的基本内容，更由于大多数物质经济利益上的层次性、排他性与竞用性的性质，不同层次的组织成员之间，相同层次的具有竞争关系的组织成员之间往往很难形成和谐统一的价值意义结构，而且还会经常引发各种对抗与冲突；另外，对于组织成员个体的内在隐性知识结构来说，它体现着每个组织成员个体在组织内部分工中的不同位置特征及其组织成员个体自身的不同的人力资本优势，这些特征与优势随着组织分工的不断深入而不断得到加强，因此，不同工作岗位的组织成员之间由于工作内容的不同，而形成了不同的内在隐性知识结构，很难进行沟通与共享，而且出于维护自身人力资本优势的考虑，即使是相同工作性质的组织成员个体也不愿以把自身一些对问题独特有效的隐性经验与技巧拿出来与同事进行交流与分享，由此给组织内在隐性知识共享结构的形成造成了巨大的阻碍。

3.1.2 两者转化的潜在可能性

虽然组织共享心智模型在形成过程中由于组织成员个体之间利益与分工的对立与冲突，而存在着巨大的困难性，但只要是在同一个组织整体中，组织成员个体的利益总是内在于组织的整体利益之中的，作为组织整体利益追求所要求的组织总体价值意义结构又往往凝结成一种总体的组织目标、组织信仰与组织文化，一方面以组织外在的图标、雕像、文化宣传栏、榜样人物等物化形式；另一方面以一种感召力、凝聚力与支撑力等内在精神形式，对组织成员个体进行双重的情感激励与价值引导，从而使越来越多的组织成员个体对自身的内在价值意义结构进行重新评价与调节，不断融入组织总体的价值意义结构之中，构成了一种不断丰富但又日趋稳定的组织成员之间内在相关的价值意义结构，并演化成为组织管理与决策的一种内在行为惯性，使组织总体行为变得更具连续性和可预期性，从而节约了企业管理与决策过程中的内耗成本，提高了企业管理与决策的内在效益；另外，对于组织分工过程来说，现代组织一方面是具体组织分工的不断深入，另一方面则又是大量的综合性项目团队与研发小组作为组织执行任务的基本单位已得到越来越广泛的应用，在团队与小组完成任务过程中，共同的工作目标亟待组织成员之间进行经常性的反复的相关知识与经验交流和共享，以对团队与小组的作业过程形成正确的解释与预期，从而协调每个团队与小组成员自身的行为并达成一种相互行动上的默契，这样，不断的循环往复，由此在各团队与小组成员之间便形成了一种共同拥有的内在隐性知识结构，而随着不同组织工作任务所需的不同项目团队与联合小组的更替与重组，越来越广泛的组织成员之间的内在隐性知识结构将会建立起来。

综上两个方面的论述，我们可以发现，组织共享心智模型是组织成员个体之间在基于利益冲突与分工差异的基础上，通过长期反复不断的内在价值意义结构与内在隐性知识结构的调节与调整、交流与互动过程中培育与形成的，它是组织成员个体之间通过长期重复的行为博弈后所形成的一种相对稳定的内在心智模型均衡体。在这种重复博弈均衡过程中，作为组织管理者的组织成员，由于其所拥有的特殊地位，其个体心智模型在初始时对组织共享心智模型的形成与演化会产生较其他普通组织成员的个体心智模型更大的影响，因为在现实社会中，行为的感召力往往等同于行为的权力，而组织价值意义结构与内在隐性知识结构的背后往往已经先有了一个"权力结构"（Habermas，1981），受到这一权力结构的影响，普通组织成员个体心智模型中的内在价值意义结构与内在隐性知识结构由于自愿模仿或强行改造的原因而被遮蔽了，从而使得那些拥有各种权力的组织成员的个体心智模型被强加给了组织集体，成为组织的"主导心智模型"（但并不是真正意义上的组织共享心智模型）。但总体来看，只要组织的外来环境是开放竞争与不确定的，组织成员的行为选择是充分自由的，绝大多数组织成员通过项目团队与作业小组的局部交流所形成的各种"亚组织共享心智模型"又将与组织这种由权力强加的组织主导心智模型形成一种张力，并构成组织成员个体内在心智模型再进一步演化博弈的基本动力，并且正是这些丰富与多样的亚组织共享心智模型给组织在未来不确定的竞争环境中为最终形成富有创新力与生命力（而不是僵死的由权力推行的组织主导心智模型）的组织共享心智模型提供了潜在的机会，或者说，在竞争中每一个成功挽救了组织并促使组织不断更新壮大的亚组织共享心智模型都可能发展上升为总体组织的共享心智模型，这也正是作为组织成员个体行为博弈均衡体的组织共享心智模型形成的一般规则。因此，我们在考察组织共享心智模型形成的一般过程中，我们仍然可以假定组织成员个体行为之间是在进行着平等的互动博弈（其前提是组织的外来环境必须是开放竞争的，组织成员的行为选择必须是充分自由的），这也是我们下面在对组织共享心智模型的具体过程进行理论与模型分析时一个最基本的假设前提。

3.2
组 织 共 享 心 智 模 型 形 成 过 程 的 理 论 分 析

从组织成员个体心智模型到组织共享心智模型形成过程的理论分析如下：

根据第 1 章的相关文献综述我们知道目前许多学科领域都在研究组织共享心智模型的具体形成过程，并形成了众多的分析理论，主要有工业和组织心理学的团队协作图示理论（teamwork schema theory）、社会心理学的交互记忆理论（transactional memory theory）、认知心理学的认知一致性理论（cognitive consensus theory）及决策科学的信息共享理论（information sharing theory）等，但这些研究理论主要侧重于对组织共享心智模型形成过程中的各种影响因素进行分析，尚没有达成一个统一的有关组织心智模型形成与发展过程内在一般性规律方面的认识。本书则尝试从符号交往理论的崭新视角来分析与说明组织个体成员如何通过长期的社会人际交往、组织学习与经验交流最终达成一个组织全体成员之间共同拥有的心智模型即组织共享心智模型的过程，从而揭示出从组织成员个体心智模型到组织共享心智模型形成与发展过程的内在一般性规律。为此，我们下面首先对符号交往理论的相关内容作一个概要的阐述，然后对组织成员个体心智模型与组织共享心智模型进行符号意义上的表述，并对两者基于符号交往状态的共同演化过程作一个具体的理论分析。

3.2.1　符号交往理论的相关内容概述

符号交往理论最初源于由米德创始并由布鲁默加以现代化的符号交往主义理论，后经哈贝马斯的发展与补充，构成了一个相对完整的理论体系，在我国则通过汪丁丁将其进行模型化表述后，目前已较广泛的运用于对一些社会经济现象的解释中。下面我们首先介绍一下符号交往理论的一些主要观点。

符号交往理论的主要观点有，一是人类开发自我心智的心理能力是基于生物演变结果基础上的一种社会化行为，并最终表现为一种社会演变的结果，即在社会中的体验与交往行为的结果；社会各级组织为社会成员个体心智的现实发展提供了各种实际体验与交往行为的具体场合与场所（Mead，1934）。二是已经具有某种心智结构（mental structure）（相当于认知心理学中的个体心智模型）的社会成员个体在某个社会组织内的长期交往反过来又将使该社会组织呈现出一种群体性或组织性的共同心智结构（相当于认知心理学中组织共享心智模型），这种群体性或组织性的共同心智结构构成该组织成员个体理解某种具体事件发生的"特定情景（situation）"，这种"特定情景"又反过来构成该组织成员个体行动的参照系，并通过这一参照系对该组织成员个体的行为产生影响，从而形成一种规范性制约，这一规范性制约为该组织成员个体规定其角色、职能、使命甚至激起其更高层次的道德召唤（Mead，1934）。三是新进入该组织的社会成员在其个体心智结构未被该组织的共同心智结构同化之前，则与该组织的共同心智结构产生不断的冲突，并由此承受着各种内心压力与痛苦，为了减轻内在的痛苦与压力，个体一方面对该组织各种现存的组织规范加以重新阐释，以包容自身的特殊性；另一方面，个体又将该组织的各种组织规范"习惯化"，或内在化为个体行为新的道德指导与思维惯性，社会组织成员个体与社会组织之间的这种冲突与交互影响便形成社会组织共同心智结构与社会成员个体心智结构的共生演化过程（Mead，1934；Blumer，1986）。四是在上述共生演化过程中，社会组织成员个体在采取各项行动，作出反应之前，试图对组织共同心智结构的各项内容的意义加以了解与阐释，而意义则来自组织内的符号交往。所以符号交往是社会组织成员个体行为博弈与演化的前提，并为此提供意义参照系（Blumer，1986）。五是符号包括它的各种形态（文字、语言、手势、眼神）在符号交往中则起着"本体性"的作用，因为社会成员个体的体验只能从既有的符号传统中选用各种符号来进行记忆与表述，从而形成社会成员个体进行心理认知的符号系统，然后通过符号交往再构成社会组织与群体进行心理认知的符号系统（Blumer，1986）。

因此，一个社会组织或群体内一些交往符号意义的确定等同于该社会组织或群体的一些共同心理认知行为的确立，而符号交往理论认为，符号要具有特定的意义，必须满足下列条件，一是符号只在特定的社会交往情景中显现出其固有的意义，如特定的组织共同心智结构背景下，组织成员对其内部所使用的各类符号意义的共同认定（Mead，1912）。二是符号的意义在符号交往中，随着特定情景的演变而演变，没有一个符号的意义是固定不变的（Mead，1912）。三是任何符号表达的符号意义都可以，而且应当被下列三个方面综合界定：发送符号者所理解的符号意义，收到符号者所理解的符号意义，符号交往所在的具体情景（Habermas，1992）。因此，符号交往中由上述三方面所同时涌现出的三类关系：符号的语言学含义与发信者意欲传递的信息之间的关系，符号的语言学含义与符号所表达的事情之间的关系，符号的语言学含义与符号使用者使用符号的方式之间的关系，这三类关系的任何一个都不可能单独鉴定符号的意义，符号的意义由这三类关系所构成的均衡状态来决定，因此，求解符号的意义即是求解这三类关系的均衡解

（Habermas，1992）。

3.2.2　心智模型符号意义上的表述

这里我们依据符号交往理论的基本原理对组织成员个体心智模型与组织共享心智模型的相关内容进行符号意义上的表述：

（1）心智模型根据我们前面两章中所介绍的认知心理学的定义，是指认知主体运用概念对自身体验进行判断与分类的一种惯性化的心理机制或既定的认知框架，它使认知主体在认知活动中能够利用这种惯性化的心理机制或既定的认知框架来对认知对象进行描述、解释和预测，从而提高认知活动的效率（Rouse，1986；Morris，1986），因此，组织成员个体心智模型是组织成员运用个体理性存在形式的语言提供的概念对自身在生产与生活中所经历的各种体验进行分类的一种惯性化的心理机制或既定的认知框架。在这里，组织成员个体的生产与生活的体验是组织成员个体心智模型形成的最先在和最原始的基础，他泛指进入组织成员个体的心里世界的一切内容，这些内容有些是被组织成员个体主观所意识到的，从而构成组织成员个体的意识流，即体验构成意识流的内容（James，1910），而体验中，另一些则不被意识到，停留在组织成员个体的无意识世界，因此，体验是心里世界的总称。但作为人的组织成员个体的认知能力是有限的，组织成员个体只能用静止的、有限的逻辑的概念来对意识到的无限丰富的、流变的体念进行把握，从而形成组织成员个体的惯性化的认知机制，即组织成员个体心智模型。这就意味着：在给定的时刻，我们假设对任何一个体验和任何一个概念，组织成员个体有能力判别该体验是否属于或不属于该概念。由此，组织成员个体心智模型形成的过程，即是组织成员运用已知的概念对心里的体念进行判别与分类的过程。这个过程的核心是组织成员个体的判断力形成与模式化的过程，即组织成员个体判定所体验到的内容应当用什么概念来加以概括，只要这个过程不是对以前的某一过程的完全重复，就总包括了某种新的成分，就总要求重新加以概括，由此，随着组织成员个体心里世界的成长，在某个特定时刻，组织成员个体就总会形成一种特定的认知模式，在这一特定的认知模式内，组织成员个体总能将各种体验过的内容放置到各个对应的概念内，随着时间与体验的演变，新的认知模式又会形成，从而新的和旧的体验又可以被放置在新的认知模式内加以把握，由于每个组织成员个体所体验的内容与运用概念进行分类判断的能力不同，由此形成了每个组织成员个体独特的心理认知形成的惯性化模式，即心智模型。

（2）组织成员个体心智模型在形式上可以表现为组织成员个体所学习与掌握的概念的集合，而组织成员个体所学习与掌握的概念又是员工各种体验的集合，因此组织成员个体心智模型可以通过组织成员个体所学习与掌握的概念的分解，最终分解为组织成员个体的各种不同体验。假设对任一给定时刻，全体已经被组织成员个体意识到的可能存在的"体验"，即一切逻辑上可能发生的体验（即一切可以想象的体验），构成组织成员个体的"可能体验"集合，组织成员个体的认知能力，决定了存在着一个由这一时刻的全部概念（"开集"）生成的"心智模型拓扑"，它满足豪斯多夫（Hausdorf）关于拓扑空间的三个公理，这使得凡是已经被意识到的体念都属于至少一个概念，并且任意两概念的"交"仍是一个概念，同时，由于组织成员个体心智模型的分解是没有尽头的，是一个不断深入的过程，因此，从静态心智模型的角度看，在任意给定时刻，心智模型拓扑空间中任何集合不必存在"极小元"（虽然可以有最小元），因为否则的话，人对世界的认识就已经是逻辑一致的，有穷的，而不是无限的，演进的了；同时，显然的，任何作为按照集合的"包含"关系构成的任何单调集列（所谓"观念链"）都存在一个"最大元"，因为正如西蒙指出的，人类认识世界的基本方式是"自上而下"的，即可以在不清楚细节的情况下，对较大框架（一个更大的集合）的性能作出正确判断（Simon，1997），例如，我们承认，一切体念集都在"宇宙"观念之内发生，而每个人都总可以想象他心目中的"宇宙"观念，这意味着组织成员个体的心智模型拓扑满足 Zorn 引理，从而也是良序的①。

（3）组织成员个体心智模型在日常工作、生活与社会人际交往中，将通过组织成员个体的言行举止所产生的一系列符号来表达。符号（symbol）按照认知科学，不同于指号（sign），后者对认识主体而言，仅仅意味着所指的事物，前者则"能以所指事物意味着所指事物之外的意义"，是被认知主体理解了的对事物之间的复杂关系的抽象表达，或者是指被习得的知识——对事物之间相互联系的认知本身的抽象表达（Jung，1960）。对人类而言，逻辑与语言都属于符号范畴，从行为学与神经生理学角度看，人类语言早期形态——身体语言（包括手势、姿态、表情、声音、眼神等）都属于人类表达自己思想观念的一套符号系列（Deacon，1996）。因此，组织成员个体内在心智模型与外在精神面貌，可通过组织成员个体在日常工作与生活中所发送的各类符号而表达出来。

（4）组织共享心智模型是组织成员个体之间长期进行人际交往、组织学习与经验交流所共同认定的各种相关概念的集合，这些概念集合反过来又成为组织成员个体日常交往与学习交流的各种特定行为表达符号含义的最终确定者。在组织生产与经营活动过程中，各种组织内部信息的流动与传播是通过组织成员个体之间进行一系列的行为表达与交流来进行的，这些表达与交流的信息流动与传播方式，有的是书面语言的，口头语言的，有的则是一个手势，一个姿势，一个眼色，一声口哨，甚至一个响铃，所有这些行为表达与信息传播的"符号"所蕴涵的默契知识，组织外部人员往往不知所云，或不知所示，因为即使是组织所用的日常语言也往往不是特别规范的标准语言，而是一些特定语言，要充分完全地理解这些包括语言文字在内的"符号"的内在真正含义，或这些"符号"的具体知识与意义内容，只有在彻底领悟到该组织在

---

① 汪丁丁在《经济学理性主义的基础》（《社会学研究》1999 年第 1 期）和《语言的经济学分析》（《社会学研究》2001 年第 6 期）中指出：给定已经习得的知识结构 Z，心理和生理资源 T 和 M，由此决定的努力程度就限定了认知者在"难度空间"里可能达到的边界，这一边界定义了认知者的"选择集"。认知者选择那些由初始知识 Z 决定的"最大语词集合"去习得。因此，语言习得的静态均衡应当在既定假设条件下所刻画的某个"极大元"上实现。由此，认知者的"心智空间"拓扑满足 Zorn 引理，从而也是良序的。

特定时期的组织共享心智模型后才能最终得到解释，因为知识与意义是理解了的信息，而不同的组织共享心智模型将决定组织成员个体对各种信息有着完全不同的理解，因此，特定组织的组织成员个体在生产经营中所交往与交流使用的各种富有特色的鲜活明快的语言符号是浸润在组织特定的共享心智模型之中的，如果过滤了这种组织共享心智模型的润色，就只能是一系列让普通人无法理解的干瘪的字符、音符或身体姿势，失去了其特定的知识信息含义。

3.3
组织共享心智模型形成过程的模型分析

从上述分析可知，在组织内部，组织成员个体之间通过符号的交往形成组织成员个体心智模型（形式上表现为一个概念集合）相关概念内涵理解与认定的交叉、重叠与同化，这些已被共同理解与认定的交叉、重叠与同化的概念集又构成了组织共享心智模型的基本内容（因为组织共享心智模型形式上可以表现为组织成员所共同理解与认定的概念集合），而表达这些共同概念集（组织共享心智模型）的符号的意义也就在特定的组织共享心智模型背景下被组织成员个体加以理解与阐述，并将进一步内化到组织成员个体的心智模型中，形成组织成员个体心智模型表述的具有特定意义的符号传统与习惯体系。因此，理解特定的组织共享心智模型的形成过程，关键在于分析基于符号交往的组织成员个体心智交流中，各类符号的特定意义如何被各组织成员个体真正理解与接受的均衡过程，这一共同符号的特定意义的均衡存在性，也就是组织成员之间共同概念集的均衡存在性，也就是组织共享心智模型的均衡存在性。下面我们运用汪丁丁（2001）基于符号交往理论所发展出的相关模型对这一过程进行一个具体的分析。

3.3.1 组织共享心智模型存在性的局部均衡分析

我们这里讨论的组织共享心智模型存在性的局部均衡分析假设只涉及两

个交往的组织成员个体"i"与"j"。为此，我们假定存在一个组织成员集合 $I \equiv \{1, 2, \cdots, N\}$，存在组织成员个体"$i$"的心智模型集 C_i，$i \in I \equiv \{1, 2, \cdots, N\}$，$C_i$ 中的元用 c 表示，当组织成员个体"i"欲将其心智模型集内某种内在体验与认知意向表达出来时，他需要使用各种符号（包括逻辑的、语言的甚至各种手势、姿态、表情、声音、眼神等），即组织成员个体任何内在体验与认知意向的表达都必须以符号为载体，于是，符号成为组织成员个体心智交流的媒介，我们依据符号交往理论的基本原理，又假设存在组织成员个体"i"的符号集 M_i，M_i 中的元用 m 表示，使得 $\forall c \in C_i$，$\exists m \in M_i$，$c \in C_i$，$i \in I \equiv \{1, 2, \cdots, N\}$，即给定任何时候，具有有限理性的组织成员个体"$i$"皆有能力把其有限的心智模型集内任何内在体验与认知意向"c"用符号集内的适当符号"m"来加以表述。

在以上这些假设条件下，我们提出如下定义：

定义 3-1　对组织成员个体"i"，$i \in I \equiv \{1, 2, \cdots, N\}$，如果 $C = \bigcup\limits_{m \in M} m$，$\forall m \neq \hat{m}$，$m \in M$，$\hat{m} \in M$，$m \cap \hat{m} = 0$，则"$M$"是"$C$"上的一个分类。

定义 3-2　对组织成员个体"i"，$i \in I \equiv \{1, 2, \cdots, N\}$，如果 $\tilde{M} > M$，$\forall M$，使得 $\forall m \in M$，$\exists U \subseteq \tilde{M}$，$m = \bigcup\limits_{u \in U} u$，那么 $\tilde{M}$ 是"C"上"最强的"分类。这里 U 是 C 的开邻域，U 中的元用 u 表示。

我们这里把"i"对"c"的"理解"设定为"i"对"c"的分类，即分类越精细，意味着"i"对"c"的认识与理解越深入，在"i"是有限理性的前提下，一定时候，"i"对"c"的分类强度即理解深度是给定的。如果没有新的符号，单纯增加新的心智模型集内的内在体验与认知意向不会改变原有的分类集的强度，因为心智模型集内的新增内在体验与认知意向找不到新符号来表述自己，只能沿用原有分类的符号，尽管这使原有符号的内涵变得更加丰富，更丰富的心智模型集内在体验与认知意向也总会产生冲动去寻找新的符号来表述自己，但在任意给定时刻，分类的强度是给定的，即分类的强弱关系构成的全序子集总有"上界"，如果全体分类的集合的任何一个非空子集，（全序子集）有上界，那么根据 Zorn 引理，全体分类的集合包含它自己的极大元。

根据以上定义，我们对组织共享心智模型存在性的局部均衡作出如下分析。即给定 C_i 上最强分类 M_i，组织成员个体 "i" 对组织成员个体 "j" 发出任一符号 "S_{ij}"，其中 $j \neq i$，$j \in I \equiv \{1, 2, \cdots, N\}$。对于收到符号的组织成员个体 "$j$"：

（1）存在理解 "S_{ij}" 的边际成本，以组织成员个体 "j" 的边际负效用的绝对值来衡量，即：$MC^{ij}(a_j, R_j) = \dfrac{\partial U^j(a_j, R_j)}{\partial a_{ij} \leq 0}$。①

（2）存在理解 "S_{ij}" 的边际收益，以组织成员个体 "j" 的边际正效用来衡量：即：$MR^{ij}(a_i, R_j) = \dfrac{\partial U^j(a_j, R_j)}{\partial R_{ij}} \geq 0$，且有关于 "理解" 的联合投入产出关系：$F(a_j, R_j) \equiv 0$。

（3）存在最优均衡解：$\underset{a_j}{\mathrm{Max}} U^j(a_j, R_j)$，$F(a_j, R_j) \equiv 0$，$\displaystyle\sum_{j=1}^{N} a_{ij} \leq a_i^0$。

上述过程可用图 3 – 1 进行表述。

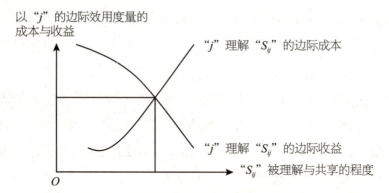

以 "j" 的边际效用度量的
成本与收益

"j" 理解 "S_{ij}" 的边际成本

"j" 理解 "S_{ij}" 的边际收益

"S_{ij}" 被理解与共享的程度

O

图 3 – 1　组织成员个体心智交流的局部均衡分析示意

---

① 这里效用函数 U^j 是组织成员个体 "j" 对 "m_{ij}" 的兴趣度向量 $a_j \equiv \{a_{1j}, a_{2j}, \cdots, a_{Nj}\}$ 的减函数，并依赖于组织成员个体 "j" 对其他各个组织成员个体的解释的符号含义的理解的重合程度 $R_j \equiv \{R_{1j}, R_{2j}, \cdots, R_{Nj}\}$，此处 "$R_{ij}$" 是组织成员个体 "$i$" 对符号 "$m_{ij}$" 的理解与其他组织成员个体所理解的同一符号 "$m_{ij}$" 的理解之间的重合度，且有关于 "理解" 的联合投入产出关系：$F(a_j, R_j) \equiv 0$。当 U^j 为极大值时的 m_{ij} 则为 j 与 i 对 m_{ij} 达到相同理解水平，即 j 与 i 关于 m_{ij} 的心智共享水平。

因此，作为社会组织内基于符号交往的组织成员个体心智交流中对符号意义的理解，意味着社会组织内共享心智模型中各项内容含义的确立，其确立过程中的成本与收益最终可以归结为参与交流的组织成员个体在理解效用上的支出与收益，这里的局部均衡分析中，组织成员个体"j"要理解组织成员个体"i"的符号的意义，组织成员个体"j"要付出时间、精力甚至情感的冲突所引起的负效应，但也含带着理解后两者之间情感的共鸣，精神的归属，行为的默契等正的效应，前后两者的均衡决定了该符号的意义在两人之间的共享程度，即两人的共享心智模型的共享程度。但组织成员个体并非总能从任一符号意义的理解中获取收益，对于一些不利于组织共同利益与行动的理解，如一些组织成员个体的私下的偏见，往往反而对组织形成共享心智模型有害，如果这种对偏见的理解与接受牵涉了组织成员过多的精力与兴趣，将导致原有组织共享心智模型的瓦解。

3.3.2　组织共享心智模型存在性的一般均衡分析

在一般均衡分析中，前面所有的假设除"假设两个交往的组织成员个体"这个假设改为"组织中全体交往的组织成员个体"外，仍然适用，定义 3 – 1 与定义 3 – 2 仍然有效。

定义 3 – 3　若符号集合 $S = \underset{i \in I}{G} \widetilde{M}_i$[①]，则 S 为一个组织中共同的符号集合，S 中的元用 s 表示。

结合定义 3 – 3，我们对组织共享心智模型存在性的一般均衡作出如下分析。即对任一公共符号 $s \in S$，任一组织成员个体 $i \in I \equiv \{1, 2, \cdots, N\}$ 根据其自身的心智模型集 C_i 对"s"作出的理解，通过符号交往而被任一组织成员个体 $j \in I \equiv \{1, 2, \cdots, N\}$ 理解为 s_{ij}，后者在自身的心智模型集 C_j 上

---

①　其中，组织中每个组织成员个体的符号集 $\widetilde{M}_i$，$i \in I \equiv \{1, 2, \cdots, N\}$ 都是该主体的"最强分类"，由于最强分类集 $\widetilde{M}_i$ 是每个组织成员个体的对某个符号意义认识最深的点，因此，由组织的全体成员的最强分类确定了每个组织成员个体对意义世界中一个不可再进一步分解的"点集"，它构成了组织共同认知行为中的一系列相当稳定的被普遍接受与理解的要素，这些要素即是该组织在一定时期的共享心智模型的具体内容。

获得"s"的意义的理解。令记号 $\Delta(s_i)$ 表示从集合 $s_i \equiv \{s_{i1}, s_{i2}, \cdots, s_{iN}\}$ 中生成的单纯形①，称 $\Delta(s_i)$ 为该组织成员个体"i"所理解的关于符号"s"的"符号交往状态"，在此状态下，给定 $\varphi_i: \widetilde{M}_i \to \widetilde{M}_i$ 为认知主体的选择算子，$\varphi \equiv \{\varphi_1, \varphi_2, \cdots, \varphi_N\}$，满足：

（1）上半连续性：$\forall m \in \widetilde{M}_i$，$\forall m^k \in \widetilde{M}_i$，$m^k \to m$，$g^k \in \varphi_i(m^k)$，$g^k \to g$，则 $g \in \varphi_i(m)$。

（2）关于理性选择的"弱一致性"假设（即作为理性假设的最低要求：认知主体认知过程的内在一致性假设②）：$\{m \supseteq g, \varphi(m) \cap g \neq 0\} \to \varphi(g) = \varphi(m) \cap g$。

（3）把 $\widetilde{M}_i$ 的紧凸子集仍旧映照为紧凸子集。

基于这一关于一般均衡存在性定理的最核心的假设，通常总可以找到一组适合现实情况的"工作假设"来运用关于集合映射的不动点定理——Kakutani 定理，从而表明由 N 个组织成员个体组成的关于符号"$s \in S$"的符号交往过程将最终收敛于某个"不动点集合 R"：$R \subseteq \prod_{i \in I} \Delta(s_i)$，$\varphi(R) \subseteq R$，$R$ 即为组织成员之间的共享心智模型集③。

图 3-2 描述了组织成员个体通过 R 符号交往与意义解释在各个组织成员个体心智模型中所形成的关于 R 的组织共享心智模型的部分过程。其中的选择算子用 R 的不同的组织成员个体的"前下标"代表。如图所示：当组织成员个体"j"接收到来自其他组织成员个体关于 R 的意义解释时，他构成一个可以覆盖各种解释的集合（由全体关于 R 的解释生成的单纯形），然后在这一集合上选择他认为最有说服力（或根据其他最大化标准）的子

---

① $\Delta(s_i)$ 具体内容是组织成员个体"i"在接收到的一切其他组织成员个体的对"s"的解释当中选择一个意义组合，这一组合以概率"λ_j"符合组织成员个体"i"在一定组织认知背景下所理解的组织成员个体"j"对符号"s"的解释"s_{ij}"，即 $\Delta(s_i) \equiv \{m \in \widetilde{M}_i \mid \exists \lambda \equiv \{\lambda_1, \lambda_2, \cdots, \lambda_N\}, \sum_{j \in I} \lambda_j = 0, m = \sum_{j \in I} \lambda_j s_{ij}\}$。

② 汪丁丁. 知识沿时间和空间的互补性以及相关的经济学 [J]. 经济研究, 1997 (6)：270-77.

③ 而 $R \mid \Delta(s_i)$ 则正是该组织成员个体在一般均衡条件下（即组织共享心智模型背景下），对组织内交往中共同符号 s 的理解与阐述，表现了组织成员个体心智模型组织共享化即组织共享心智模型形成的结果。

集，为新的对符号 *R* 的解释，为了表现这一选择过程，我们用三个坐标轴分别代表三个组织成员个体"*i*"，"*j*"，"*k*"对同一符号 *R* 的解释在组织成员个体"*j*"的心智模型里生成的单纯形（即图 3 − 2 中穿越三个平面的三角形）选择算子，将单纯形映射为他的一个"最优"子集（即图中的阴影面积），并将这一选择解释给其他组织成员个体，当其他组织成员个体接收到他的解释时，他们便在各自的心智模型中作相应的修正，也再将修正过的解释传给大家，如此往复不断，直到没有人再有理由选择与上一轮所选择的不同解释为止，当所有的人都停留在自己上一轮的选择集内时，一般均衡便实现了，组织共享心智模型也便形成了。

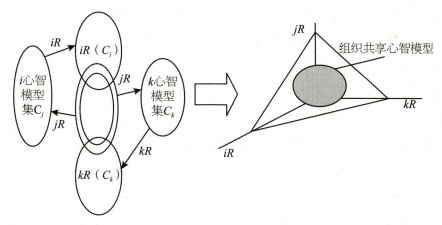

图 3 − 2　组织成员个体"*i*""*j*""*k*"对组织同一符号 *R* 的交往与解释
在组织成员个体"*j*"的观念空间中所生成的共享心智模型子集

3.4
影响上述过程的因素及进一步实证的假设提出

从以上论述可知，组织共享心智模型是在组织内部组织成员个体基于符号交往的社会化行为互动（包括社会人际交往、组织学习与经验交流）过程中形成的，在这种社会化行为互动过程中，组织共享心智模型的各项内容（形式上表现为各种概念集合）的意义，与内在隐性知识共享结构内容，内在价值意义共享结构的内容等，被各个参与社会化行为互动的组织成员个体加以共同阐释，理解并达到均衡，而组织成员个体也依靠对组织共享心智模型各项内容含义的认定和共享来协调自己的行为以适应于组织活动和其他组织成员的需求，从而习得特定组织共享心智模型背景下的个体理性与理性行为。而所有这一系列过程的发生、发展以及最终所取得的效果如何，即组织共享心智模型中各项内容意义的共享程度如何，对共同符号含义的理解与认定程度如何，都受着组织自身行为一系列因素的制约，这些因素构成了影响组织共享心智模型形成的直接前因。这些因素究竟有哪些，如何进行分类确定，目前学术界尚未形成共识，本书则是在参阅大量中外文献的基础上，结合相关学者所提出的主要观点，从三个方面来对这些因素进行具体的分析：

（1）影响组织共享心智模型中内在隐性知识共享结构形成的因素，大多数研究者认为主要有三种，一是组织学习：南希（1994）、迪克斯（1994）、彼得·圣洁（1995）等认为组织学习是组织成员之间内在隐性知识与能力共享的主要途径，通过组织学习，组织可以培育出高于个人内在知识结构的组织内在知识结构，能够使组织成员在组织经营生产活动过程中形成良好的协作与配合默契，是组织成员更加注重内在思维的集体性本质，看清隐藏在复杂整体现象背后的各个互不相关的知识元素的分布与联系，从而对组织总体活力形成正确的解释与预期。因此组织学习是影响组织内在隐性知识结构形成的最基本因素；二是交叉培训：培训是组织对成员施加影响，塑造集体理性的最主要手段，也是影响组织隐性知识结构形成的主要因素（Vipple，1996；Schon，1998；白新文，王二平，2004）。而交叉培训（cross – training）在众多培训方式中被认为是培养组织内在隐性知识共享结构的最有效手段。交叉培训是以其他组织成员的工作内容和职责为对象的培训方式，目的是让组织成员理解组织整体活动过程，以及组织成员之间的工作和职责如何相互作用，从而使组织成员之间构成交互式记忆，促使组织成员内在隐性知识结构的交叉、重叠与共享（Cannon-Bowers，1998；Marks，2002）；三是经验交流："经验"是组织成员通过"做而学习（learning by doing）"（Ikujiro Noraka，1996）的过程，经验交流则是组织成员之间通过对亲身经验的各种内隐性知识进行相互分享，从而达到各自检验并检视自身原有的内在隐性知识结构，形成新的内在隐性知识共享的过程。为此，阿特·克莱那（Art Kleiner）（2001）和乔治·罗思（Geoge Routh）（2001）结合一些企业组织的实际做法，专门介绍了一种组织成员之间进行有效经验交流的工具——学习型历史文献。这种学习型历史文献不但能够使组织成员从自身与别人的经验中发现经验背后的逻辑和动力，并将其内在思想应用到自己的创造活动中去，而且能够建立组织成员之间深层次的相互信任，克服过去许多组织成员在经验交流时只讲成绩，不讲失败的弊端，帮助组织成员扫除内心既存的各种疑虑，澄清自己的工作中的各种成败得失，并与其他组织成员一道进行有效的集体反思，是组织成员个人经验经过学习型历史文献的记述与集体反思后内部化为组织成员之间共享的内在隐性知识，从而促使了组织内在隐性知识共享结构的改进与进一步完善。综合以上这些学者观点，我们得到假设 1（H1）、假设 2（H2）和假设 3（H3）：

　　H1：组织学习影响组织共享心智模型中内在隐性知识共享水平。

　　H2：交叉培训影响组织共享心智模型中内在隐性知识共享水平。

　　H3：经验交流影响组织共享心智模型中内在隐性知识共享水平。

　　（2）影响组织共享心智模型中内在价值意义共享结构形成的因素，组织成员之间内在价值意义共享结构较内在隐性知识共享结构更难形成，目前，许多研究认为，影响组织成员之间内在价值信念结构达成相似、相容或一致的较突出的因素有三种，一是组织文化：组织文化（organizational culture）是培育组织成员之间共同价值观与信念态度体系的有效途径。坎农（Cannon，1983）、埃德蒙森（Edmondson，1995）、彼特·圣洁（1996）、余光胜（2000）等认为组织文化通过在全体组织成员心中塑造一种"共同愿景（shared vision）"，能够强烈的影响组织成员的价值信念与态度行为。这种作为组织文化精神核心的共同愿景是组织中组织成员对未来所共同持有、共同分享的愿望与景象，它在组织中会创造一体感，遍布到组织全面的活动，从而使组织各种不同的活动融合起来，淡化组织成员之间个体利益冲突，从而形成一种巨大的凝聚力，使组织成员产生集体使命感，从而有助于组织成员之间共同价值意义结构的达成；二是组织激励机制：对一个组织来说，科学有效的激励机制是确保组织成员把个体价值意义目标与组织价值意义目标相统一，实现组织价值意义目标在全体组织成员中充分共享的重要手段。卡瑞奇（Kraiger，1997）和温泽尔（Wenzel，1997）认为，激励的出发点是满足组织成员的各种需要，即通过系统化的设置，确定适当的外部奖酬形式，各种经济物质和精神鼓励条件，以满足组织成员外在性和内在性的各种需要，但激励的最终目的则是促使组织成员能够对个体各种狭隘的私人内在需要与外在需要满足的超越，实现私人价值意义目标与组织价值意义目标在客观上一致性，从而使组织成员把组织价值信念目标转化为私人追求的一种自觉自愿，在组织成员中普遍建立起一种以组织价值意义目标为核心的共同价值意义结构体系，这就需要设计一套公开、公正、公平与正负相容的激励机制，并借助信息沟通，内部宣传来确保组织激励最终目标的实现；三是组织构成：组织构成因素包括组织成员的同质性（性别、年龄、个性与专业背景等人口统计学变量）；组织结构模式（垂直型或扁平型）；组织分工的方式与组织发展历史等。肯特斯（Kentsh，2001）与克里莫斯科（Klimosk，2001）认为，组织成员的同质性（与成员的经验，教育背景等）程度越高，组织内在价值意义结构的一致性程度也就越高；组织的结构模型对组织成员之间内在价值意义的共享也有影响，扁平型的组织结构优于垂直型的组织结构；组织分工方式则主要是指组织在执行任务过程中是否倾向于采取现代项目团队的方式，一般来说，现代项目团队的方式较传统的职责明确化的放工方式更有利于组织内在价值意义共享结构的形成；莱文斯克（Levesque，2001）等则认为组织发展的历史对组织成员之间内在价值意义共享程度也有影响，共享程度会随着组织历史发展的时间增加而提高，但斯托特（Stout，2003）等人的研究则认为，单纯的组织发展历史还不足以说明其对组织成员之间内在价值意义共享程度的影响，还必须考虑到组织成员之间行为相互作用的这个中间变量的影响。综合以上这些学者观点，我们得到假设4（H4）、假设5（H5）和假设6（H6）：

H4：组织文化影响组织共享心智模型中内在价值意义共享水平。

H5：组织激励机制影响组织共享心智模型中内在价值意义共享水平。

H6：组织构成影响组织共享心智模型中内在价值意义共享水平。

（3）组织共享心智模型中内在隐性知识共享结构与内在价值意义共享结构相互作用的因素。根据科斯塔和萨莉姆（Costa & Thaillieu，2004），胡琳舍德和布兰登（Hullinshead & Brandon，2004），武欣和吴志明（2005）等人的最新实证研究，组织共享心智模型中组织内在隐性知识共享结构与组织内在价值意义共享结构互为形成前因，一方面，组织内在隐性知识共享结构主要是组织成员在因果关系方面认识的一致性，而组织内在价值意义共享结构则主要是组织成员在价值关系方面认识的一致性，而一项组织成员具体行为的选择，既包含着组织成员在因果关系方面的认识，也包含着组织成员在价值关系方面的认识，因果关系方面的认识扩大了该行为产生结果的可能性，而这种可能性的扩大，又导致了组织成员对该项行为目标进行价值选择的可能性提高，这就使得组织的内在价值意义共享结构相对于组织内在隐性知识共享结构呈现出一种内在认知方面的依存性；另一方面，随着组织成员对该项组织行为目标的价值关系认识的提高，又会激励该组织成员对该项组织行为所需要的各种相关的内在因果关系知识的学习与积累，进而提高与改进该组织的内在隐性知识共享结构，这又使得组织的内在隐性知识共享结构相对于组织的内在价值意义共享结构呈现出一种明显的基于价值意义激励方面的扩张性。综合以上这些学者观点，我们得到假设7（H7）和假设8（H8）：

H7：组织共享心智模型中内在隐性知识共享水平影响内在价值意义共享水平。

H8：组织共享心智模型中内在价值意义共享水平影响内在隐性知识共享水平。

3.5

本 章 小 结

本章从符号交往的崭新视角，在比较了组织成员个体心智模型与组织共享心智模型相互之间转化的内在困难性与潜在可能性等具体因素之后，系统论述了处于一定文化与知识背景下，拥有各自不同的心智模型的组织成员个体之间如何通过长期的人际交往、组织学习与经验交流，最终发展到一个更高的阶段——组织共享心智模型阶段的具体过程，揭示出了从组织成员个体心智模型到组织共享心智模型形成与发展过程的内在一般性规律，从而论证了组织共享心智模型作为组织知识创新管理内在统一性支持载体的现实可行性。通过本章的分析，我们可以得知，虽然从组织成员个体心智模型到组织共享心智模型的形成与转化存在一定的困难与阻碍，但也存在着潜在的可能性与有利条件，只有一个组织的外部环境是开放竞争的，组织内部成员个体的选择是充分自由的，并且组织成员个体的选择能满足某种理性假设，例如，本书所用到的由汪丁丁（2001）所提出的个体行为过程的"连续性"假设，那么一定时期内，基于符号交往的组织个体成员的社会化行为互动中，就总会存在一个反映各组织成员个体心智模型的一般均衡性的组织共享心智模型的存在，存在着的组织共享心智模型，反过来作为一种组织的内在隐性知识共享结构与内在价值意义共享结构为组织成员的日常行为与活动提供着内在知识与意义的支持。但组织共享心智模型的形成与发展是一个复杂的过程，受到组织自身行为一系列因素的制约，这些因素构成了影响组织共享心智模型的形成前因。本章仅在理论上从三个方面探讨了八种可能影响组织共享心智模型中组织内在隐性知识共享结构与内在价值意义共享结构形成的因素，这八种因素影响的程度究竟如何还有待本书后面所做的实证分析。

第*4*章

组织共享心智模型对组织知识
创新能力开发的作用分析

第3章我们分析了组织共享心智模型的存在与发展具有我们能够认识与把握的一般规律性，能够作为我们建立组织知识创新管理内在统一性的支持载体，那么这个支持载体对组织知识创新能力的开发、对组织知识创新战略的抉择、对组织知识创新成果的传播等具体知识创新管理内容的作用机理又是怎样的？从本章开始到第6章我们将对这些问题进行具体的分析。本章则着重分析组织共享心智模型对开发组织知识创新能力的作用。首先我们简要介绍一下组织知识创新能力的含义与组织知识创新能力开发的内在影响因素。

4.1
组织知识创新能力的含义及其开发过程的影响因素

组织知识创新能力是指组织作为一个整体通过对各类与组织发展相关的

新知识的发现与发明，从而创造产生出新的组织知识的能力（Ton Daven-Port，2000；樊治平，2004）。组织知识创新能力的开发（包括组织知识创新能力的培养、形成、发展与提高）是一个复杂的过程，它涉及组织知识创新流程的各个不同的阶段①，在这些不同的组织知识创新流程阶段中，有两个内在因素对组织知识创新能力的开发产生着十分重要的基础性作用，一是组织成员个体之间就组织知识创新的总体目标所达成的共识，它是将组织成员个体的知识创新能力最终聚焦到一个总的组织知识创新能力高度上，实现组织的总体知识创新能力由量变到质变的飞跃的一个关键性环节；二是组织成员个体之间内在隐性知识的充分分享，内在隐性知识不论对一个组织还是一个个体，作为一种重要的核心能力，往往是知识创新能力的一种重要潜在形式，而内在隐性知识分享则是组织成员个体潜在知识创新能力在组织内放大的过程，是组织知识创新能力开发的不竭源泉。因此，为了促使组织成员个体之间就组织知识创新的总体目标达成共识，并在组织成员之间形成充分的内在隐性知识共享，组织知识创新管理必须能够在组织成员个体中间提供围绕组织知识创新的总体目标达成共识的共同价值意义激励与组织成员之间形成充分的内在隐性知识共享的共同认知背景支持，而组织共享心智模型正好具备这方面的功能特征，我们下面将对此作一个具体的分析。

4.2

组织知识创新流程中内在隐性知识共享结构的作用

组织共享心智模型中共享的内在隐性知识结构在组织知识创新流程的不同阶段为组织知识创新能力的开发提供着共同的认知背景支持。

---

① 我们这里根据组织知识创新流程的不同功能特征把整个组织知识创新流程分为三个不同的阶段，组织认知学习与知识吸收阶段，组织知识的内部转化与融合阶段，组织知识的跨时储存与内部转移阶段。

4.2.1　组织认知学习与知识吸收阶段

　　组织知识创新与认知学习是天然的联系在一起的，认知学习的结果即表现为组织新知识的最初来源。因此，我们这里把组织认知学习定义为组织将有效的外部环境信息与各种数据转化为组织新知识的初始化过程；知识吸收则是指组织评价、吸纳、利用外部所认知学习到的新知识的内部化过程。前者偏重于对信息的辨认与感知，后者偏重于对已确认的新知识进行吸取与消化。

　　（1）在组织认知学习方面：根据现代系统认知理论，知识具有历史依赖性，对背景环境非常敏感，知识并不是问题解决方法导向的，而是有了知识背景才得以对问题进行定义（潘菽，1998；余光胜，2000）。因此，没有纯粹的观察认知，一切观察认知都是受既存的知识结构支配的（Popper，1928）。认知主体头脑中已有的知识结构，对于其认知学习活动起决定作用。美国著名心理学家尼塞（V. Neisser，1967）在《认知心理学》一书中，对于环境信息与认知主体已有的知识结构如何结合作过具体论述，他认为学习受认知主体内部认知预期的指导，而认知预期的产生又靠原有的知识结构的激活，因此，认知主体实际上是在感知其已知的东西，而不是在理解其所感知的东西，认知主体的内在知识结构决定了认知主体对外部环境信息的抽取、定义与建构的方式和方法。而在组织认知过程中作为认知主体的组织其隐性知识结构内在于组织共享的心智模型中，故管理学家彼特·圣吉在《第五项修炼》中明确把组织认知学习看做是组织共享心智模型的一种修炼过程，因为组织认知学习要求共同地解释外部信息，共同地将新的信息加以整合，以形成组织的知识，而要使这些"共同"的过程得以完成，离开组织共享的心智模型是不可能成功的。

　　（2）对于组织知识吸收也是这样：根据科恩（Wesley M. Cohen，1998）和莱文斯（Danzel A. Levintha，2001）的看法，认知主体吸收消化外部信息与知识的能力在很大程度上是其现有的内在知识结构的一个函数，即存储在认知主体内部的事物、模式、概念越多，新知识就越容易被吸收、消化。因此，知识是不断积累的过程，当要吸收、消化的新知识与原有的内在知识结构发生联系时，认知主体的吸收能力便达到了最佳的状态，这表明了包含组织内在知识结构的共享心智模型在组织知识吸收、消化方面的重要性，组织共享心智模型内容越宽泛越丰富，则组织在吸收、消化新知识方面能力越强大，在一个有着非常不确定知识领域环境下，可能出现大量潜在的有用的新知识，而一个丰富多样的共享心智模型为吸取这些新知识提供了一个更为健全的潜在知识结构，从而提高了组织吸取、消化更多的新知识的能力。

4.2.2　组织知识的内部转化与融合阶段

组织新知识的产生除了从外部不断地努力学习与吸取外，更为重要的是组织内部能够成功地把学习与吸取的分布在组织内不同部门、不同环节、不同个体上的各类知识进行一体化的转化与融合，这是组织更为重要的学习能力（广义的组织学习定义），它构成了组织知识创新能力开发最核心的内在基础，因为从外部接触与学习到的新知识也可以被其他组织所学习与理解，唯有组织内知识的转化与融合能力是组织知识创新能力形成的最可靠的基础。

（1）组织知识的转化。组织知识的转化按不同的转化内容可分为两种不同的类型，一是不同性质知识之间的转化，即隐性知识（默认性知识）与显性知识（明晰性知识）之间的转化（包括隐性知识转化为显性知识，即知识外化和显性知识转化为隐性知识即知识内化）两种形式；二是不同主体不同层次之间知识的转化，即个人与组织（团队）之间知识的转化（知识的社会化与深入化），包括个人隐性知识转化为组织（团队）的隐性知识（组织同感的形成），个人显性知识转化为组织（团队）显性知识（组织共识的形成）两种形式。目前对组织知识转化来说，最具有挑战性的是两种知识形式的知识的转化，即隐性知识向显性知识的转化（外化）和个体隐性知识向组织隐性知识的转化（社会化）。因为根据波兰尼在《个人知识》中所表述的观点，即所谓"知识"，直观地就是知道和理解的事情，而理解必须是个人的，私己的与难以充分交流与默会的，我们可明晰说明的仅仅是知识的冰山露出水面的很小的可交流的一部分，更大部分的知识是默认的，深藏的隐置于人的实践之中，而正是这一部分知识在实践中以我们难以察觉的方式发挥着重要作用，构成了我们应用相关明晰知识（显性知识）时一种必需的支援意识（subsidary knowledge）（Polanyi，1952），一旦我们忽略了这种知识的存在，那些基于显性知识发挥作用所作出的种种预期一般总是要落空的。因此，隐性知识的转化问题（外化与社会化）便成为组织知识是否能成功转化的关键问题，根据野中郁次郎（1991）在知识转化与生存模型（SECI 模型）中所表述的观点，隐性知识在组织中是可以成功进行转化的，而有的学者，如美国的库克则认为默认性知识是不能转化的，只能在组织知识生存中以一种"生成之舞蹈"的方式产生作用（Cook S，1999），中国管理学家王众托则认为隐性知识只能部分的转化，即通过概念与隐喻，部分地显化（王众托，2004）。纵观这些学者的观点，我们认为探索隐性知识能否成功地转化的问题，关键是寻找隐性知识的转化路径的选择，目前大多数管理学者注重直接交流，直接编码，或直接在组织内进行观摩学习，效果却往往不是令人十分满意，实际上隐知识可转化为显知识的程度，可交流的程度不是由转化过程中的显性化、明晰化程度本身决定的，而是组织的共享心智模型的强弱程度决定的，对于一个拥有较强的共享心智模型的组织环境，隐知识的显性化、明晰化在组织局外者看来也许十分不明显、不明晰，不知所示，但对于组织内的人员来说，一个手势，一个眼神，甚至一声口哨，却能得到心领神会的感应，隐性知识就这样成功地被转化成了组织成员所理解的显性知识，并最终转化成了组织共享的显性知识，因此，显性化程度、明晰化程度，可交流程度本身只是一个相对量，它内生于组织的共享心智模型之中。

（2）组织知识的融合。组织知识除了表现为不同性质不同层次的知识相互转化外，还存在相互融合（fussion）的过程，即相互碰撞、吸纳、结合集成的过程（王众托，2004）。组织知识融合按时间顺序可分为静态融合与动态融合两种类型，所谓静态融合是指同一时点上，隐性知识与显性知识之间，个人知识与组织知识之间由于融合而集成新的更为复杂、系统、完善的知识的过程；动态融合则是指同一性质或同一层次的知识由于时间的演化，通过与其他性质，其他层次知识的融合而累积成更具规律性的知识的渐进加突变的过程。这两种融合过程如果单从表层来看，往往只是表现为组织中，大量的统计数据、报表与文字资料的集结、合成与历史演变，但从深层来看，却是组织共享心智模型的整合与发展。一方面，个人与组织的显性知识在人脑或组织的物质记忆载体中，是成块存在的，人们学习到了一门显性知识，例如，一种新生产知识或工艺流程原理，其中包含许多概念，按一定逻辑关系结合成一个整体，有一部分显性知识块由于相互关联而形成一个逻辑网络，而个人或组织的隐性知识却是弥漫在一个人（指个人的隐性知识）或组织的心智模型之中，更多的显性知识块之间，显性知识块中某些概念集合之间，却是靠隐性知识在个人或组织学习过程中把它们融合起来的，因此，显性知识块与显性知识块之间不会融合，而是要经过隐性知识环节进行融合，是一个显性知识—隐性知识—显性知识的融合过程，而这一过程是在个人或组织的心智模型的支撑下完成的；另一方面，是显性知识块与弥漫在它四周的隐性知识块之间的边界是模糊的，个人或组织的隐性知识通过时间的演化与不同的显性知识块进行着一系列的外化（隐性知识显性化、明晰化），内化（显性知识隐性化、默认化）的渐进性转化过程，到一定阶段，就会在已有的显性知识块附近或几个块之间，一些弥漫着的隐性知识会突然或渐进式的"凝结"成新的显性知识块，这便构成了一种动态的组织知识融合过程，也即是组织新知识的创造产生过程。

4.2.3　组织知识的跨时储存与内部转移阶段

组织要把认知学习与吸收、转化来的新知识保存下来，以供长期利用，这就要求能够跨时间进行新知识的转存与储备，我们把组织这种跨时间储存新知识的过程称为组织新知识的跨时储存过程，它构成了组织记忆的内容

（organizational memory）；另外，组织还经常把内部各部门储存的一些好的新知识新技能推广运用到其他相关的部门，我们把这个过程称为组织知识的内部转移过程，它构成了组织的交互记忆的内容（mutual memory）。根据纳尔逊、温特的组织知识演化理论，组织记忆与交互记忆往往是通过组织"惯例"的形成与在各部门的推广来实现的，而组织"惯例"，就像人的习惯一样，解决了组织决策中的各种有限理性问题，组织通过长期积累的"惯例"来应付日常活动所需的各种专门知识。但组织"惯例"作为组织的一种知识记忆也有两种不同的类型，一是可以明晰说明的"惯例"，或显性的"惯例"，它在形式上表现为组织明文规定的各种行动指南，方针政策，规章制度，事物处理程序和决策规律，这种"惯例"的说明与在组织各部门的推广普及是可以通过文字资料，统计信息，数据报表的方式来进行的；但组织最有价值的、最具竞争力的"惯例"却往往是另外一种"惯例"，即组织的隐性"惯例"，这种"惯例"正如个人惯用的技巧一样，虽然时刻都在起作用，但其发挥作用的过程，却并没有被觉察到，这是一种发挥作用机制还没有得到清晰说明的或无法清晰说明的"惯例"，这种"惯例"往往便只能存在于组织的共享心智模型之中（Peter M. Senge，1996），通过对组织日常经营中明确的支配行为或潜意识的自觉行为体现出来。

4.3

组织知识创新流程中内在价值意义共享结构的作用

组织共享心智模型的内在价值意义共享结构为组织成员在组织知识创新流程的不同阶段达成组织知识创新总体目标的共识提供着共同的激励背景。

4.3.1　组织认知学习与知识吸收阶段

如前所述，组织知识来源于组织生产、营销和研究开发一线的人员对知识的发现与搜集过程，而这一过程，绝不是单单是这些工作人员日常所面临的各类信息与数据的收集与整理过程，它要求每个一线的组织员工主动到市场中去感受与发现对组织生存与发展有利的新信息与新数据，并且判断每一项新信息与新数据的对于组织知识创新的价值，从而发现对组织知识创新能力的开发的各种有利的机会，而这一系列行为的背后，必须首先要有精神激励机制的保障，如果组织能提供这种精神激励，组织员工就会持续地去学习与积累组织所需的各种新信息、新数据与新知识。否则，组织员工就不会去学习与积累组织所需的各种新信息、新数据与新知识。因此，奥地利经济学家博特克（Bottke，2001）在《信息与知识》一书中深刻阐述了精神激励与价值意义共享在一个社会组织中，信息转化为知识，知识发现与积累路径选择上的重要性，即有什么样的精神意义激励，就会有什么样的社会组织新知识的生成与积累。

4.3.2 组织知识的内部转化与融合阶段

在组织知识的内部转化与融合阶段，弥漫在个人或组织心智模型中的大量的隐性知识往往同时与很多块显性知识块相连，这些隐性知识将转化成什么样的显性知识，或与什么样的显性知识相融合，其路径选择往往受着心智模型中价值意义结构的引导，不同的价值意义结构将对认知主体（个人或组织）的隐性知识的转化与融合产生不同的激励与路径选择。波普（1962）在《客观知识》一书中指出作为精神价值与意义状态的第二世界在第一世界（物理状态的世界）与第三世界（客观知识与概念的世界）建立了间接的联系，隐藏在客观知识与概念中改造物理世界的潜力是由于人们在不同的价值意义激励下，试图运用不同的转化与结合、集成方式而实现的，因此，波普把人的精神价值意义系统看做是与第三世界的客观知识相互作用的器官，是理解与把握这些客观知识，运用这些客观知识，并通过各种隐性知识参与到这些客观知识之中，使之对第一世界发生影响的媒介。

4.3.3 组织知识的跨时储存与内部转移阶段

在组织知识的跨时储存与内部转移阶段，价值意义激励问题也十分重要。根据前面定义，它们构成了组织知识记忆与组织内部各部门之间交互知识记忆的内容。它们是通过依靠各种组织知识的日常惯例化并在各部门之间进行推广与普及来实现的。但是根据过去许多组织在组织知识转化与转移问题上的经验，如通用汽车公司（GM）在跨时储存与各部门之间转移制造方面的新知识时遇到了巨大的困难，IBM公司在跨时储存与各事业部之间转移后勤和硬件设计流程再造经验时也只取得了有限的成功，虽然这些跨时储存与内部转移方面难以成功的案例与所储存和转移知识的特性（如因果关系不明确，未证实性）密切相关外，但一个更基本的问题是缺乏共同价值意义的激励背景，部门之间的妒忌、缺乏相互信任、接受者拒绝听命、抵抗变革、缺少承诺、地盘保护等都是企业新知识跨时储存与内部转移的重重阻碍。因此，波特认为：除非企业的激励系统能正确地反映企业的发展前景以及企业各部门之间的发展利益上的差异，提供价值意义共享的激励基础，否则，期望他们能记住一些有用的新知识并在企业内一个事业部从另一个部门学得有用的新知识往往是要落空的（Michael Porter，1998）。因此，要使蕴涵组织知识记忆的各种"惯例"能有效地得到实施并在组织内部各部门中得到推广与普及，在组织共享心智模型中建立基于共享价值意义激励的"共同愿景（share vision）（Peter M. Senge，1995）"就十分必要。愿景是期望未来实现的一种状态，并描述这种状态的景象、蓝图，共同愿景是组织中组织成员对未来所共同拥有，共同分享的愿望的景象。它在组织中会创造一体感，并遍布到组织全面的活动，而使各种不同的活动融合起来，淡化组织成员、部门之间的个体利益冲突从而形成一种巨大的凝聚力，使员工产生共同使命感（余光胜，2000）。共同愿景的建立有助于使组织成员、部门放弃固有的私己利益，勇于承认个人和部门的缺点，因而能够激发更高层次的行动方式与利益追求。概括地说，共同愿景可以激发无限的创造力，产生强大的驱动力，同时为组织提供创造未来的新机会。

4.4
作用过程的模型分析

  上面我们从理论原理方面论证了组织共享心智模型为组织知识创新能力的开发提供了内在隐性知识共享与内在价值意义共享的双重基础性作用，基于对这种作用原理的认识，美国管理学家罗思（George Roth，1996）极其"卡内基—梅隆"学派的其他研究人员，还有日本经济学家青木昌彦（2000）及中国学者汪丁丁（2001）尝试利用数学拓扑学的基本理论与"算子（operator）"方法来为这种作用过程建立模型，他们把创新型组织中组织成员个体所具有的各种内在经验、信息与知识想象为一个心理空间集合（x），把组织成员个体心智模型想象为组织成员个体对自身各种内在经验、信息与知识运用包括逻辑概念在内的各种符号（这里的符号指一切被认知主体理解了的事物之间复杂关系的抽象表示，包括各种文字概念符号、动作符号等）进行分类与认定的某种较为固定的（心智模型）拓扑（τ_0），而共享心智模型则是多个组织成员个体的（心智模型）拓扑（τ_0）所生成的共同的 σ^- 代数 τ，即 $\tau = \sigma(\tau_0)$，其中（x_j，τ_0，$<$）与（x_j，$<$，τ）分别代表组织成员处于组织成员个体心智模型（τ_0）背景下与组织共享心智模型（τ）背景下的两种认知状态，在整个组织知识创新能力开发的过程中，组织共享心智模型中共享的默认知识结构（以 τ 背景下的半序关系"$<$"表示）为处于不同知识创新流程阶段的组织成员认知状态提供着内在的认知背景支持，而组织共享心智模型中代表组织共享价值意义激励趋向的"创新选择算子（以 τ 背景下的 φ_j 表示）"则为组织成员在组织知识创新流程的不同阶段达成了关于组织知识创新总体目标方面的共识，并把组织成员认知状态从组织知识创新流程的一个阶段的认知状态转移到另一个阶段的认知

状态。因此，我们理解由组织共享心智模型提供共享的价值意义的激励过程就是"创新选择算子"在组织成员的认知状态的演变空间中搜索优化的过程（Lovett & Anderson，1996），而在这一搜索优化过程中，由于组织共享心智模型中的默认知识共享结构为处于每一时点的组织认知状态提供着的共同学习认知背景，又增加了搜索优化结果收敛的可能性，从而大大提高了组织知识创新能力开发的效率。为此，我们提出如下具体假设。

（1）假设给定了一个创新型的组织群体 $J = \{1, 2, \cdots, N\}$，假定该组织群体中的组织成员个体的心理空间为 $(x_j, \tau_0, <)$，$j \in J$，其中 x_j 为组织成员个体 j 的各种可能拥有的经验、知识与信息的集合，τ_0 代表组织成员个体的心智模型拓扑，$<$ 代表 x_j 集合中各个子集之间依"包含"关系定义的半序关系，这就意味着由组织成员个体的心理空间所包含的半序关系 $<$ 所描述的组织成员个体对自身可能拥有的经验、知识与信息集合的各种关系与认定的惯性化模式，它由组织成员个体的心智模型拓扑 τ_0 决定，代表着一定时刻该组织成员个体的内在隐性知识结构，即 τ_0 将决定着任一时刻组织成员个体 j 对自身所拥有的各种经验、知识与信息集合中各个子即之间的分类与认定关系 $<$ 的认定方式。

（2）各组织成员个体之间存在着共享的心智模型拓扑（即组织共享心智模型拓扑）$\tau = \sigma(\tau_0)$，即 τ_0 生成的 σ^- 代数，则在给定的任一时刻，对任一组织成员个体，存在着组织共享心智模型半序集上的拓扑空间 $(x_j, <, \tau)$，τ 是从 j 对 x_j 的关系认定与分类（无交且覆盖了 x_j 的集合族 τ_0）生成的 σ^- 代数构成的组织共享心智模型拓扑，拓扑 τ 与半序关系 $<$ 将不随 j 在 J 内的变动而改变（由于是组织共享心智模型拓扑，故此时 τ 背景下的 $<$ 代表的是组织成员之间共享的内在隐性知识结构），虽然他们可以随组织知识创新流程阶段的变化而发生演变。

（3）存在组织共享心智模型基础上的集合映射 $\forall j \in J$，$\exists \varphi_j : \tau \rightarrow \tau$，满足：$\forall A \subseteq \prod_{j}^{N} \tau$，$A$ 在 j 上的投影，存在某个组织知识创新的流程阶

段 k[①]，即：$\exists k$，使得 $\varphi_j^{k+1}(A_j) \subseteq \varphi_j^k(A_j)$[②]。此假设意味着映射是在组织共享心智模型拓扑 τ 中共同价值意义背景激发下"压缩的（即组织成员个体不断就组织知识创新目标达成共识的）"（自从 k 阶段以后）[③]。

在以上三个假设条件下，我们提出如下定义：

定义 4 - 1　定义集合列：$\vec{\varphi}(A^0) = A^1$，$\vec{\varphi}(A^1) = A^2$，$\cdots$，$\vec{\varphi}(A^k) = A^{k+1}$，$\cdots$为组织成员个体在组织共享心智模型基础上的组织知识创新能力的开发过程[④]。

根据定义 4 - 1，我们认为当 $\{A^k\}$ 为一单调减集列时，若拓扑 τ 依半序 < 有下界（有限理性假设），则可得出此集列收敛于 $\prod\limits_j^N \tau$ 内，即：

$$\exists A \subseteq \prod_{j=1}^N \tau \quad \bigcap_{m=1}^{\infty} \bigcup_{k=m}^{\infty} A^k = \bigcup_{m=1}^{\infty} \bigcap_{k=m}^{\infty} A^k = A$$

这其中，各组织成员个体由组织共享心智模型拓扑 τ 所引发的具体知识创新选择过程（由创新选择算子 φ_j 表示）可以描述为：

$$\forall j \in J, \quad \forall a_j \in a, \quad \varphi_j(A^{k-1}), \quad \forall x_j \in a_j,$$

$$\exists a \in A^k, \quad x_j \in a, \quad k = 1, 2, \cdots$$

即：当组织成员个体 j 在组织共享心智模型拓扑 τ 中共同价值意义背景的激发下形成了某种知识创新能力 a_j，而 a_j 又属于组织中某项具体领域的

---

① 这些阶段指上面理论原理中所分析的组织认知学习与知识吸收阶段，组织知识的内部转化与融合阶段，组织知识的跨时储存与内部转移阶段等。

② 这里 φ_j 代表组织成员个体在组织共享心智模型拓扑 τ 中共同价值意义背景激发下的"创新选择算子"。

③ 这一性质反映了组织成员之间这样一种创新选择过程：即各组织成员个体的创新方向开始分散地散布在许多与组织总体知识创新总体目标不相关的各自的创新目标中，通过组织共享心智模型中共同的价值意义激励后，组织成员个体的创新方向开始越来越集中的投向与组织总体创新目标相关的较少数的创新目标选择上，而且这些目标所构成的集合始终被包括在组织共享心智模型所及的范围内，并由此在组织成员个体之间达成组织知识创新总体目标方面的共识；同时，通过由 τ 背景下的 < 所形成的组织内在隐性知识共享结构决定了各组织成员个体在自身 x_j 各子集半序关系 < 划分与认定方面的一致性，从而形成了组织成员之间在达成组织知识创新共识背景下的整体性组织知识创新能力 A（这里作为假设先提出，下面将给予相关的证明）。

④ 其中：$A^k \equiv \prod\limits_{j=1}^N \varphi_j(A^{k-1}_{1j})$，$k = 1, 2, \cdots$，$A^{k-1}_{1j}$ 是笛卡儿乘积 A^{k-1} 在 $j \in J$ 的选择空间的投影。

知识创新能力 a。当 j 把与 a_j 相关的内在经验、知识与信息 x_j 传播给其他组织成员后，所有的其他组织成员（假如为 i，$i \neq j$）都形成并积累了与 a_j 相关的经验、知识与信息 a_i，使得 $x_i \in a_i$，$a_i \in a$，也就是说，全体组织成员都具有了 a 方面的知识创新能力。而 A^k（作为组织在所有领域的知识创新能力）是所有这样的 a 组成的集合，它完全覆盖了已经形成的全部组织知识创新能力，并且由于组织共享心智模型拓扑 τ 中共同价值意义背景的激励作用，组织整体的知识创新能力将变得越来越集中，从而在一切足以覆盖这些（组织知识创新流程第 k 阶段以后表达出来的）已有的各种组织知识创新能力集合族中，A^k 集合是最小，最集中的。因此，组织知识创新能力就是这样不断被"压缩"、提炼与集中起来的，故从半序集上的压缩映象原理导致收敛于"A"（集合"并"与"交"运算的完全布尔环，其上的压缩映射有不动点集）（A 代表经过一系列组织知识创新流程阶段后所开发出来的组织总体知识创新能力）。

上述分析结论所揭示出的实践含义是：在整个组织知识创新能力开发的过程中，组织共享心智模型中共享的默认知识结构为处于不同知识创新流程阶段的组织成员认知状态提供着内在的认知背景支持，而组织共享心智模型中代表组织共享价值意义激励趋向的"创新选择算子"则为组织成员在组织知识创新流程的不同阶段达成了关于组织知识创新总体目标方面的共识，并把组织成员认知状态从组织知识创新流程的一个阶段的认知状态转移到另一个阶段的认知状态。因此，由组织共享心智模型提供共享的价值意义的激励过程就是"创新选择算子"在组织成员的认知状态的演变空间中搜索优化的过程，而在这一搜索优化过程中，由于组织共享心智模型中的默认知识共享结构为处于每一时点的组织认知状态提供着的共同学习认知背景，又增加了搜索优化结果收敛的可能性，从而大大提高了组织知识创新能力开发的效率。具体过程如图 4-1 所示。

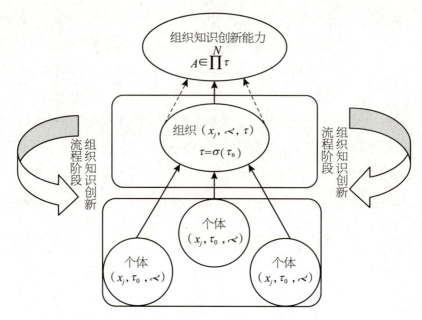

图 4 - 1　组织共享心智模型对开发组织知识创新能力作用过程示意

4. 5

基 于 原 理 与 模 型 分 析 的 进 — 步 实 证 假 设 提 出

通过上述分析，我们可以得知：组织共享心智模型作为组织成员共同拥有的内在隐性知识结构与内在价值意义结构，在组织知识创新能力开发的不同阶段中，既为组织中各组织成员个体进行知识创新的复杂协作与一体化过程提供着潜在的认知背景支持，又为各组织成员个体就组织知识创新的总体目标达成共识提供着内在的价值意义激励，我们正是基于这一认识出发，从理论原理与数理模型两方面对此进行了深入的探讨与分析，但组织共享心智模型对一个组织的知识创新能力开发水平的影响程度到底有多大，最终的结论是否具有真正的实际价值意义还必须更深入地接受来自组织知识创新管理实践的实证数据的检验，为此，我们在以上分析的基础上提出留待后面进行进一步实证的假设 9（H9）和假设 10（H 10）：

　　H9：组织共享心智模型中内在隐性知识共享水平影响组织知识创新能力开发水平。

　　H 10：组织共享心智模型中内在价值意义共享水平影响组织知识创新能力开发水平。

4.6

本 章 小 结

　　本章根据组织知识创新流程的不同阶段，对组织共享心智模型在组织知识创新能力开发过程中的作用进行了系统的分析，揭示了组织共享心智模型对组织知识创新能力开发影响与作用的内在机理与具体过程，并提出了一个相应的数理模型分析框架，从而为后面的实证分析奠定了基本的原理与方法论基础。

第 5 章

组织共享心智模型对组织知识创新战略形成的作用分析

如果说组织知识创新能力开发是组织知识创新管理的生命线，也是知识经济时代组织获取竞争优势的不竭源泉，那么为了深入挖掘并不断维护这个源泉，提高组织知识创新能力开发的总体水平，组织知识创新管理的首要任务就是必须为组织知识创新能力开发制定出一个切实有效的组织知识创新战略①与发展规划，以确保一个组织的知识创新能力开发能够形成一个可持续的发展态势。但什么样的组织知识创新战略规划对一个组织来说才是最切实可行又

---

① 由于组织知识创新在组织发展中的重要地位，组织知识创新战略也因此成为组织战略体系中的重要组成部分，但关于组织知识创新战略的具体含义目前国内外学者尚无统一的定论，最新的一些观点比较倾向于从组织知识创新战略的运行机制层面上来研究组织知识创新战略的具体内容，认为组织知识创新战略是指从组织整体的长远发展与持续发展出发，通过强化知识在组织内部的生产、获取、积累与管理等，促使知识流在组织内部的合理配置和组织内部的沿循环学习过程（cyclical process），以构建组织内部交互的知识交流与共享网络配置回路（circuit of power）以及组织知识创新系统的制度环境建设等，从而全面引导组织形成合理的知识创新模式和知识创新轨迹（knowledge innovation tract），最终使组织成长为具有强知识创新能力的学习型组织（learning organization）（William R. King：Keynote paper：knowledge management：a system perspective. Int. J. Business and System Research. Vol. 1. No. 1, 2007；Honeyoutt J.：Knowledge Management Strategic. Washington：Microsoft Press，2000）。

持续高效，能够最大限度地调动每个组织成员的创新热情与创新潜力的？这是每个组织的知识创新战略形成过程中所必须要首先回答的一个关键性问题。

5.1

组织创新战略理论的演变与最新发展

创新战略作为组织创新管理的一项核心内容，对其研究的历史由来已久，但在传统经济时代，人们更多的是从技术创新、管理创新与制度创新等知识应用层面来探讨组织的创新战略问题，关注的是组织在竞争环境与绩效缺口的压力下沿边际搜寻的战略创新过程，其形成的创新战略是一种外生的（主要依据外部市场条件）、适应性的创新战略模式，与这种创新战略模式的实践相对应的战略创新理论一般都假定所有战略态势的要素都是独立且外在于组织主体的，是外生设定的（Masson，1972；Bain，1972；Michael Porter，1998），对每一个组织主体都是同样可以获取的，市场结构、市场容量、竞争者与顾客都是预先就客观存在的事实，组织创新战略就是寻求对这些要素与事实更好、更有效的组合与解决方案。而在创新战略制定的过程中，所有参与战略分析与抉择的不同组织主体具有内在认知方面的一致性，面对同一个外部客观存在的环境，每个战略制定者所观察到的情况是一致的，而且每个组织所具有的知识、技术、管理技能也都是同质的，是易于流动、交流、传播与共享的，因此，组织创新战略也是客观的，其有效性取决于这些创新战略目标与方案是否与组织的客观环境相吻合，是否实现了组织内在的优势与劣势与外部环境中的机会、威胁进行了最佳匹配。

而随着知识经济与知识创新时代的到来，组织知识要素成为组织发展驱动的核心要素，组织的创新也由传统的主要是知识应用的创新上升到了知识要素本身的创新，过去被认为是客观存在的市场结构、市场容量、竞争者与顾客都作为组织需要重新认识的对象成为组织进行知识创新的基本元素，而决定组织知识创新战略的最根本要素已不再是"以资源为基础的发展战略观点"所确定的资源（Wernerfet，1984），或者"以能力为基础的发展战略观点"所确定的能力（Eriksson & Mickelson，1992），而是"隐置于资源、能力背后的，对资源、能力具有决定作用的组织的知识存量与认知背景（Prahalad & Hamel，1994）"，因此，组织知识创新战略的有效性也就由传统的取决于这些创新战略目标与方案是否与组织的客观环境相吻合，是否实现了组织内在的优势与劣势与外部环境中的机会、威胁进行了最佳匹配而转向了对组织成员个体内在知识存量和认知背景的集成能力的高低问题。而一个组织的组织成员个体的内在知识存量与认知背景作为一个组织的组织成员个体的内在心智现象与演化成果又是深深嵌入在一个组织的共享心智模型之中的（Nelson & Winter，1982；Pete Senge，1996），因此，组织共享心智模型就成为一个组织知识创新战略形成与发展的最终决定性因素。而处于同一个客观存在环境下不同组织主体也正是由于其内部组织成员个体所共享的心智模型不同，因此，所观察到的外在发展机会与知识创新机会也就不同（即观察者不具有内在一致性），而且，也正是由于不同组织主体之间内在心智模型（组织共享心智模型）的差异，导致了不同组织主体之间的知识也是不同质的，是很难进行流动、交流、传播与共享的，这些因素都使得组织的知识创新战略具有高度的内生性、主体创造性等特征，与传统的创新战略的外生性、适应性等特征形成了十分鲜明的对照。

因此，我们要全面研究一个组织的知识创新战略的形成与发展规律，就必须首先对一个组织的共享心智模型在组织知识创新战略的形成与发展过程中所发挥的决定性作用进行深入的探讨与分析。

5.2

决定作用的原理分析

5.2.1　内在价值意义共享结构的决定作用

组织共享心智模型中的内在价值意义共享结构决定了组织知识创新

战略的价值取向。任何组织进行知识创新首先必须适合于该组织的价值取向，其创新战略目标必须要适应该组织的集体意向与价值追求，否则该创新战略方案或者不能够形成，或者形成之后也不能取得令人满意的实施效果。

组织共享心智模型中的内在价值意义结构代表着一个组织的核心价值观与精神凝聚力，是经过组织在长期的发展中进行积累、演化与传承而得以延续的，因而具有明显的历史继承性与路径依赖性，它决定了一个组织的知识创新战略的价值取向与目标追求的历史基础与演进规律。当一个组织的知识创新战略方向与其内在的价值意义共享结构相融合时，它将会得到该组织绝大多数组织成员个体的支持，并能激起绝大部分组织成员个体的潜在知识创新热情与创新潜力，必将会使该项组织知识创新战略方案能够得到有效的推行与实施；反之，如果一个组织的知识创新战略方向与该组织的内在价值意义共享结构相冲突与背离时，必将遭到该组织绝大多数组织成员个体的共同反对、抵制与排斥，从而使该组织绝大部分组织成员个体的知识创新热情受挫，知识创新潜力不能得到有效的发挥，最终将使该项组织知识创新战略方案不能够得到推行与实施，或者即使推行与实施之后，也必将陷入一种无效与停滞状态而不了了之。

因此，组织内在共享的价值意义结构决定一个组织的组织成员个体对某项知识创新战略方案的支持与反对的对比比率，它也必将决定该知识创新战略方案能否被该组织所接受、实施与推行，或实施与推行后的最终效率。从另一个角度看，它也最终决定该组织在一定时期内能否最终形成一个与其内在价值意义结构相融合的统一高效的组织创新战略方案，以对一个组织的知识创新能力的发展与维护产生有效的促进与推动作用。这一点，正如日本索尼公司创始人井深大所早就认识到的："如果有可能创造一种环境，使所有人都能以一种坚定的集体主义精神而团结在一起，尽最大可能发挥自己的知识才能，那么这个公司一定会迎来无限乐趣，创造无限利润，那些共同理想的人会非常自然地聚在一起，共为这一理想而奋斗（Ibuka Masaru，1945）。"

5.2.2 内在隐性知识共享结构的决定作用

组织共享心智模型中的内在隐性知识共享结构将决定组织的知识创新战略形成的快捷程度与效率水平。由于知识存在着沿时间与空间上互补的特性（汪丁丁，1997），组织知识创新战略的形成往往都是来自于组织成员集体的智慧和长期积累的经验，来自于组织成功和失败的经历与教训，它需要组织成员个体之间已有各种知识的快捷传播与共享，尤其需要组织成员个体中重要隐性知识的成功转移与转化的相互作用，故任何组织的知识创新战略都是基于该组织知识传统、知识积累与原有知识存量的一个综合规划体系，是内生于该组织的知识生成与转化过程之中的，而一个组织的知识传统、知识积累与原有知识存量以及相关的知识生成与转化过程又是内化沉淀在一个组织共享的隐性知识结构之中，因此，组织共享的内在隐性知识结构是组织知识创新战略制定与实施的丰富的不竭的源泉（Noraka，1994）。组织成员个体各种隐性知识在组织各种特定背景下的有效共享，是一个组织知识创新战略快速有效形成所必需的核心能力基础（C. K. Prahalad、Cary Hamel，1994）。

然而，组织所需的各种内在隐性知识的共享不是一个简单的过程，它内在于各组织成员的个体心智模型之中，不容易直接用语言来表达传送，在组织共享心智模型较弱的组织环境中，由于组织共享知识结构不成熟，组织隐性知识共享水平低，组织在每次的知识创新战略形成过程中，必须要经过反复不断的举行各种能够面对面对话的座谈会与实践观摩会，来提高组织所需的各种隐性知识的共享水平，这就严重影响了组织知识创新战略形成的速度与效率，往往使组织知识创新战略的形成过程陷入一个漫长的马拉松式的争论、纠缠的怪圈中而不能自拔，最终使该组织的知识创新战略的形成结果不了了之；相反，如果在一个强组织共享心智模型的组织环境中，由于组织知识共享结构成熟，组织隐性知识共享水平高，组织知识创新战略形成过程中所需的各种隐性知识，组织成员能心有灵犀一点通，并且能运用各种体现组织隐性知识的隐喻、象征性的语言来表达与相互激发各种知识创新战略形成过程中的直觉与灵感，从而能促使组织知识创新战略的快速有效形成。

5.2.3 两者互动影响的决定作用

组织共享心智模型中的价值意义共享结构与隐性知识共享结构的互动作用决定了组织知识创新战略内在的核心内容与形成过程的"轨迹曲线"。正如第 3 章中所引述的科斯塔和萨莉姆（Costa & Thaillieu，2004），胡琳舍德和布兰登（Hullinshead & Brandon，2004），武欣和吴志明（2005）等人所做的实证研究分析表明，组织共享心智模型中的内在隐性知识共享结构与内在价值意义共享结构存在着一种明显的互动关系，一方面，组织共享的内在隐性知识结构会提高组织内部成员的理性选择水平，不断修正着不同时期组织成员个体的内在价值意义共享结构，影响着组织内部成员个体对不同组织知识创新战略方案进行自觉自愿的选择与接受的概率；另一方面，组织成员个体的内在价值意义共享结构，又会不断激励着组织成员个体对于所选择与接受的组织知识创新战略方案所需要的各种相关的内在隐性知识的积累与共享，这就使得组织知识创新战略的核心内容只可能围绕着该组织的共享心智模型来展开，因此彼特·圣洁也把组织知识创新战略的形成过程同样看成是组织心智模型的一种修炼过程，组织主体的心智模型（组织共享心智模型）拥有一种对"未来创新机会的知识记忆能力"，组织主体总是寻找与他们既定的可以预见的未来的知识记忆相联系的发展与创新机会，而这种寻找过程一方面使组织不断地对自身心智模型进行检视与反省，另一方面也使得组织在不断的新信息中对原有的心智模型寻找边际上的改进，从而导致原有的知识结构的创新，而这也就是组织心智模型的修炼过程（Peter M. Senge，1996）。所以，组织共享心智模型构成了组织的知识记忆与信念预期，并决定了组织知识未来可能创新的方向，这也正如卡尔·韦克（2000）所论述的：无论什么人也无法做到他想不到的事，一个具有知识记忆与学习能力的组织也同样如此；早在 200 多年前的亚当·斯密（1778）就曾深刻认识到：当我们处于某种范式之中的时候，我们就很难想象其他的范式。这就是一个组织的共享心智模型的演变刚性造成的。

故在组织知识创新战略形成中，其路径选择具有很强的内在逻辑，这些逻辑决定着组织某种知识创新的收益比其他的知识创新的收益要高（内在价值信念结构决定），某种知识比其他的知识创新要容易得多（内在知识结构决定），因而多西指出：组织在很多情况下能很清楚的分辨出沿着某一方向与路径，知识创新很快会见效，而沿着其他方向与路径，知识创新的尝试就会很成问题（Dosi，1999）；这就使得组织知识创新战略的形成与演化路径构成了一条被纳尔逊和温特所称为的"知识创新轨迹曲线"，而且这条知识创新轨迹曲线将呈现出明显的以组织共享心智模型为中心的正态分布态势（Nelson & Winter，1982）。

5.3
组织知识创新战略形成过程的模型分析

根据前面的原理分析我们知道，一个组织的知识创新战略方向受到该组织的价值取向的制约，而一个组织的价值取向作为一个组织的集体意向与价值追求又是由该组织成员不同的个体意向与个体价值追求的互动与协同作用形成的，在最简单的情况下，我们假定一个组织的组织成员个体对待某项组织知识创新战略的方向有两种不同的价值取向反应：一种是支持，我们用"＋"号表示，一种是反对，我们用"－"号表示，这两种不同反应的组织成员数量的对比比率与他们之间因互动与协同作用而出现的相互转化概率，将决定该组织能否在一定时期内形成一个统一、有效的组织知识创新战略方案体系。下面我们用一个协同学模型来具体分析一下不同组织共享心智模型背景下组织知识创新战略形成过程的路径演变特征及集成结果，首先我们引入如下概念：

定义 5 - 1　一定时期内组织中对某项组织知识创新战略方案的支持者人数（n_+）与反对者人数（n_-）为基于组织共享心智模型的组织知识创新战略形成过程的序参量。

定义 5 - 2　一定时期内组织中对某项组织知识创新战略方案的支持者人数（n_+）与反对者人数（n_-）的相互转化概率反映基于组织共享心智模型的组织知识创新战略形成过程的协同效应。

根据以上定义，我们用一个概率分布函数来表示一定时期内该组织成员个体对某项组织知识创新战略方案的支持者人数（n_+）与反对者人数（n_-）所出现的概率分布，即：$f[n_+, n_-; t]$；用一个单位时间的支持者与反对者之间的"跃迁率"来表示两者之间因互动与协同作用而出现的相互转化概率，即：$P_{+-}[n_+, n_-]$ 和 $P_{-+}[n_+, n_-]$

于是我们得到了下面的差分方程：

$$\frac{df[n_+, n_-; t]}{dt} = (n_+ + 1)P_{+-}[n_+ + 1, n_- - 1]f[n_+ + 1, n_- - 1; t]$$
$$+ (n_- + 1)P_{-+}[n_+ - 1, n_- + 1]f[n_+ - 1, n_+ + 1; t]$$
$$- \{n_+ P_{+-}[n_+, n_-] + n_- P_{-+}[n_+, n_-]\}f[n_+, n_-; t] \quad (5-1)$$

我们问题的关键并不在于求解式（5 - 1）（这个方程我们可以用标准方法来求解），而在于确定影响这个方程求解结果的因素。正如我们前面所论述的，一个组织的共享心智模型将对这个方程的求解结果产生决定性的影响。

在一个具有强组织共享心智模型的组织背景下，组织的价值取向将由组织成员个体内在共享的价值意义结构决定，在组织创新战略形成过程中，针对不同战略方向的组织知识创新战略方案，组织成员个体将以占绝对优势的支持率或反对率来决定该知识创新战略方案能否被最终接受或抛弃，而组织共享的内在隐性知识结构又会使该组织成员个体对组织知识创新方案形成过程所需要的各种相关背景知识能迅速达成共识，从而使该组织在一定时期内，能快捷高效的形成一个以该组织共享心智模型为价值取向与知识基础的组织知识创新战略方案体系；相反，在一个弱组织共享心智模型的组织背景下，组织成员的个体意向与价值追求是分散的，甚至是冲突的，在组织创新战略形成过程中,针对不同战略方向的组织知识创新战略方案,组织成员反应态度之间的"耦合性"程度高,支持者或反对者数量对比比率难以确定,两种相互转化的方向也呈现非常随机的变化趋势,又由于组织内在共享的隐性知识结构不成熟,使该组织成员对组织知识创新方案形成过程所需要的各种相关背景知识难以达成共识,从而使该组织在一定时期内很难形成一个统一有效的组织知识创新战略方案体系,甚至会出现多个组织知识创新战略方案相互并立与纠缠不下的窘况。

通过以上这些假定与分析,我们可以运用哈肯在协同学相关理论中所引入的"伊辛模型"(Hacken,1982)来对不同组织共享心智模型背景下组织知识创新战略形成的过程进行一个具体的分析。我们用自旋方向表示组织成员个体中对某项组织知识创新战略方案的支持者(+)与反对者(-)时,就得到了与"伊辛模型"相似的表示式:

$$P_{+-}[n_+, n_-] \equiv P_{+-}(q) = v\exp\left\{\frac{-(Iq+H)}{\Theta}\right\}$$
$$= v\exp\{-(kq+h)\} \qquad (5-2)$$

$$P_{-+}[n_+, n_-] \equiv P_{-+}(q) = v\exp\left\{\frac{+(Iq+H)}{\Theta}\right\}$$
$$= v\exp\{+(kq+h)\} \qquad (5-3)$$

式(5-2)、式(5-3)中的 I 表示组织成员之间个体意向与价值追求的耦合程度,Θ 是组织中内在价值意义共享程度的量度,它由组织中共享的内在价值意义共享结构与共享程度决定,相当于物理学中的 $k_B T$(k_B 是玻尔兹曼常数,而 T 是绝对温度),Θ 的大小反映了组织成员价值取向的一致性的程度,H 是一个从优参数,当 $H>0$ 时,表示支持者数量大于反对者数量,v 是一定时间内组织成员针对某种知识问题沟通与达成共识的人数比率,他由组织的内在隐性知识共享结构与共享程度决定,而:

$$q = \frac{(n_+ - n_-)}{2n}, \quad n = n_+ + n_- \qquad (5-4)$$

为定量的求解方程,我们假定一个组织的组织成员足够多,以至于可把 q 看做是连续参数,为将上述式(5-1)变成这种连续参数的方程,令:

$$W_{+-}(q) \equiv n_+ P_{+-}[n_+, n_-] = n\left(\frac{1}{2} + q\right) P_{+-}(q) \qquad (5-5)$$

$$W_{-+}(q) \equiv n_- P_{-+}[n_+, n_-] = n\left(\frac{1}{2} - q\right) P_{-+}(q) \qquad (5-6)$$

这就把式（5-1）变成了偏微分方程，可用二次型方法求解：

$$f_{st}(q) = ck_2^{-1}(q) \exp\left\{ 2\int_{-\frac{1}{2}}^{q} \frac{k_1(y)}{k_2(y)} \mathrm{d}y \right\} \qquad (5-7)$$

而：

$$k_1(q) = v\{ \sinh(kq + h) - 2q\cosh(kq + h) \} \qquad (5-8)$$

$$k_2(q) = \frac{v}{n}\{ \cosh(kq + h) - 2q\sinh(kq + h) \} \qquad (5-9)$$

下面我们用图 5-1 来表述不考虑外参量时所得到的不同组织共享心智模型背景下的组织知识创新战略形成过程的可能结果。

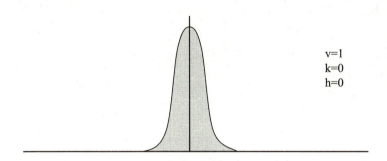

v=1
k=0
h=0

（a）强组织共享心智模型背景下组织知识创新战略形成过程的可能结果

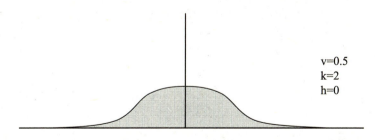

v=0.5
k=2
h=0

（b）一般组织共享心智模型背景下组织知识创新战略形成过程的可能结果

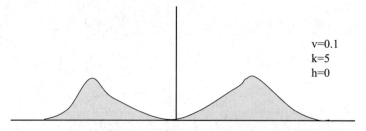

v=0.1
k=5
h=0

（c）弱组织共享心智模型背景下组织知识创新战略形成过程的可能结果

图 5－1　不同组织共享心智模型背景下的组织知识创新战略形成过程示意

正如"伊辛模型"所预期的那样，有两种典型的结果，一是在强组织共享心智模型背景下，此时，组织的内在隐性知识共享程度（v）与内在价值意义共享程度（Θ）非常高，而组织成员之间的耦合程度（I）较低，故$v=1$，$k=0$，相当于物理学中的高温极限，由于组织成员个体的对待不同战略目标与方案的态度与认识能迅速地达成一致性，因此，最终导致了基于组织共享心智模型的统一有效的战略目标与战略方案的确立，得到了组织成员个体态度反应的中心分布；二是相反的，如果一个组织的共享心智模型非常弱，组织成员之间内在隐性知识共享程度（v）与内在价值意义共享程度（Θ）非常低，组织成员在针对不同组织知识创新目标与方案时相互之间态度与认识的耦合程度（I）增加了，那就会使一个组织形成多个组织知识创新目标与创新方案的多极化现象出现，最典型的则是图 5－1（c）中的对立的两极现象，此时 $v=0.1$，$k=5$，这就会使组织在制定相关知识创新战略目标与方案时，极难达成一致意见，内耗成本提高，导致组织知识创新战略的形成过程处于一种涣散与无效的状态。

5.4

基于原理与模型分析的进一步实证假设提出

根据上述分析，我们可以得知：组织共享心智模型中共享的内在价值意义结构决定了组织知识创新战略形成的共同价值取向，共享的内在隐性知识结构决定了组织知识创新战略形成的共同知识基础，两者的互动作用决定了组织知识创新战略形成的核心内容与发展的路径选择，不同组织共享心智模型背景下的组织知识创新战略形成过程的"轨迹曲线"将具有明显的差异。因此，一个组织要想形成一种适合本组织知识创新能力发展与提高的组织知识创新战略模式，首先必须要检视本组织的共享心智模型，明晰本组织的内在价值意义与内在隐性知识的共享结构与共享程度，完善组织学习与交流制度，建立起基于组织共享心智模型的"共同愿景"（share vision）（Peter M. Senge，1996）与"共同知识"（common knowledge）（Grant，1996）。"共同愿景"是组织中组织成员对未来所共同拥有，共同分享的愿望的景象。它在组织中会创造一体感，并遍布到组织全面的活动，而使各种不同的活动融合起来，淡化组织成员、部门之间的个体利益冲突从而形成一种巨大的凝聚力，使员工产生共同使命感；"共同知识"将使一个组织具有整体性的思维能力，能够敏锐地感觉到属于整个组织整体的各个互不相关的因素之间的联系，能够感知到每个组织成员不同的知识领域的内在联系，并通晓组织中所需的不同种类知识的储存主体及每个主体的知识储量。"共同愿景"与"共同知识"的建立可以激发无限的创造力，产生强大的驱动力，从而必将极大地提高组织知识创新战略的内在集成能力（组织知识创新战略内在集成能力是组织知识创新战略对组织内部组织成员个体中已有的各种知识存量与创新动力进行有效集聚、共享和一体化的能力，其高低将直接影响着组织知识创新战略的形成与实施效果（C. K. Prahalad & Cary Hamel，1994））。但组织共享心智模型对一个组织的知识创新战略的内在集成能力影响程度到底有多大，我们除了上面的理论原理与数理模型分析之外，我们后面还将进行更严格的实证分析与检验，为此，我们在以上分析的基础上提出留待后面进行进一步实证的假设11（H 11）和假设12（H 12）：

H 11：组织共享心智模型中内在隐性知识共享水平影响组织知识创新战略内在集成能力水平。

H 12：组织共享心智模型中内在价值意义共享水平影响组织知识创新战

略内在集成能力水平。

5.5
本 章 小 结

　　本章通过对组织知识创新战略形成的内在价值取向与知识基础进行深入的分析，探寻了不同组织共享心智模型背景下组织知识创新战略形成过程的"轨迹曲线"，揭示出了组织共享心智模型对提升组织知识创新战略内在集成能力影响与作用的内在机理与具体过程，并提出了一个相应的数理模型分析框架，从而为后面的实证分析奠定了基本的原理与方法论基础。

第 *6* 章

组织共享心智模型对组织知识
创新成果传播的作用分析

随着组织知识更新的频率不断加快，组织内部各个结构与成员的知识创新意识在不断增强，知识创新热情也在不断提高，许多富有创新潜力的组织知识成果也在各个组织内部结构与成员中纷纷涌现，层出不穷，但是这些组织知识创新成果一旦在组织内部进行传播与推广之后，却面临着不是被扭曲得面目全非，毫无当初的创新价值，就是很快便销声匿迹，不了了之的尴尬命运。因此，从长期的组织知识创新过程来看，如何提高各种组织知识创新成果在组织内部的传播与推广的效率问题，就成为制约整个组织知识创新过程的一个重要因素。本章从组织共享心智模型的视角，通过深入分析组织知识创新成果内部传播过程背后所隐藏的种种复杂因素及其作用规律，提出并论证了组织共享心智模型中共享的组织内在隐性知识结构与组织内在价值意义结构的互动一致性将最终决定组织知识创新成果内部传播效率的长期均衡水平的原理。该原理或许能为组织今后进行组织知识创新成果传播的技术流程安排与激励机制设计找到一条新的思路，值得我们作更进一步的探讨与思考。下面我们便对此作一个具体的介绍。

6.1

内部传播效率水平低下的原因分析

对当前组织知识创新成果内部传播与推广效率水平低下的难题，不同的专家学者从不同的角度对此进行了大量深入的研究，概括起来有以下三个方面的研究观点。

（1）从组织知识创新成果自身的知识特性方面来分析：由于组织知识创新成果作为知识在组织层面上的一种重新组合与发展方式，它虽然在表面上往往表现为一种创新的产品与原材料，或者一项创新的技术与工艺，甚至一套创新的管理流程与制度，但其在内涵上却都蕴藏着知识的一切复杂性，它既包含着因果关系明确的、可描述的、可证实的、独立的、简单的、易流转的显性（明晰性）的知识内容，但更包含着因果关系模糊的、不可描述的、未证实的、系统性的（即很多知识之间具有强烈的内在相互依赖性）（Shanthi Gopalakrishnan & Paul Bierly，2001）、复杂性的（即很多知识不是简单而易于掌握的，需要大量潜在的相关专业知识作支持）（Shanthi Go-palakrishnan，2001）、嵌入性的（即知识通常嵌入在工具、产品和惯例中）（Argote & Ingram，2000）、黏滞性（即知识流动具有刚性与滞后性）（Von Hipple，1995）的内在隐性（默会性）的知识内容，而且前者往往只是组织知识创新成果"冰山"露在水面上的一角，后者才是其内在的深厚基础，因此，在考察组织知识创新成果的传播过程时，内在隐性（默会性）知识内容才是知识创新成果的核心特征，这一点，科学哲学家波兰尼早就进行过论述，即知识成果的不可完全复制与难以模仿高度地体现在默会性的人类技能上，默会性也是集体拥有的知识成果（即组织知识成果）的特征（Pola-nyi，1952）。这一特征使得组织知识创新成果的传播出现了巨大的困难，因为对于组织知识创新成果的显性（明晰性）内容，通过直接的文字描述、语言沟通、信息编码等媒介工具与传播途径就能够得到非常顺利的传播，而对于隐性（默会性）的内容则往往很难通过这种直接的手段与途径来进行推广与传播，许多传播过程的失败往往就是由于组织知识创新成果的显性（明晰性）内容被传播与推广到一个新环境之后，而内在隐性（默会性）的内容却因为各种传播阻碍而逐渐缺失，从而使得组织创新成果的显性内容因得不到内在隐性基础的支持而变得面目全非，畸形演变，最终使其失去了原有的创新意义而不了了之（Lipman & Rumelt，2000）。

（2）从知识不同形式的转化与转化能力的角度来研究：正如上面所分析的，组织知识创新成果由于其内在隐性（默会性）特征，使得组织知识成果的大部分内容不能通过直接的手段与途径进行传播与推广，于是许多组织往往只能借助于不同形式的知识转化的方式来进行传播，即通过将隐性（默会性）知识转化为显性（明晰性）的知识（外化），再把显性（明晰性）知识转化隐性（默会性）知识（内化）的方式来传播，但这就涉及一个组织内在的知识转化能力问题，如果一个组织内在的知识转化能力高，组织内的传播者与接受者之间在组织知识创新成果的传播过程中，能针对不同形式的传播接收途径与渠道来进行相应的不同形式的知识成果内容之间的有效转化，则知识成果的传播往往能够取得良好的传播效果，能够达到组织所要求的传播目的，否则，如果组织的内在知识转化能力低下，传播者与接受者在知识传播过程中不能就不同形式的传播接收途径与渠道来进行相应的不同形式的知识成果内容之间的转化达成一种相互的默契，则组织知识创新成果的传播效率将同样是十分低下的，也同样不能达到组织所需要的传播目的，这一点，许多专家学者对此都进行了大量的实证研究：如阿哥特和迪奥（Agrote & Daor，2002）、滕（Teng，2003）通过实证考察，组织在进行知识成果的描述化、可识别化方面的转化能力与努力，与知识成果的内部传播效率呈正相关关系，冯·希普尔（Von Hipple，2000）、康明斯和弗瑞（Cummings & Frey，2003）则研究了把内在隐性（默会性）知识中的嵌入性知识、黏滞性知识转化为独立的、易流转的显性（明晰性）知识形式的能力与技巧对于一个组织内部知识成果传播效率的影响。

（3）从知识转移与转移的背景角度论述组织知识创新成果内部传播的各种阻碍因素，这种观点认为：组织知识创新成果传播的本质就是知识成果在组织内部各个职能部门、专业团体、组织成员之间的转移，传播源与接受者在知识成果转移与传播过程中"共同激励背景（share vision）"（Peter M. Senge，1985）的缺失是阻碍组织知识创新成果在组织内部有效传播的首要因素，这直接导致创新者出于对所有权、特权、地位优势等的考虑，不愿意将自身的创新成果与组织中其他方共享，而接受方也因为"非此处发明（NTH）"的自尊保守心里，不愿意认真学习、接纳来自其他方的知识成果而故意拖延、被动应付、虚假接受、隐藏破坏或公然的反抗等，从而导致大量的组织知识创新成果的最终传播结果皆不了了之，凯兹和艾伦（Katz & Allen，1992）、海耶斯和克拉克（Hayes & Clark，1995）、桑卓兰斯克（G. Szulanski，2000）、奥斯勒和弗瑞（Osterlon & Fray，2002）经研究后，皆认为传播源与接受者的"共同激励背景"的缺失将直接导致知识成果内部传播动力的最终消失；另外，传播源与接受者的"共同认知背景（common knowledge）"（Grant，1996）的缺失也是直接抑制知识成果内部传播效率的基本因素，由于传播源的沟通、编码能力与接受者的沟通、解码能力是一种相对互动的关系，两者只有在一种"共同认知背景"的支撑下，其中所蕴涵着的大量的无法直接进行沟通与编码的、具有隐性知识特征的、因果关系不明确的、未证实的、模糊的、黏滞的知识内容不经过形式的转化便可达到最佳的传播效果，这方面的典型案例可从纳尔逊、温特、桑卓兰斯克（G. Szulanski）、冯·希普尔（Von Hipple）、奥斯勒（Osterlon）、弗瑞（Fray）等学者的经典研究中得到大量的引证。

因此，综述以上三种观点，我们知道，任何组织知识创新成果都是以该组织全部知识发展背景与相关的历史因果关系为基础的，其传播路径是内在于该组织的知识传统、知识转化能力与知识转移过程之中的，而一个组织的知识传统、知识转化能力与知识转移过程往往又是深深的嵌入在一个组织的共享心智模型之中的（Nelson & Winter，1982；Von Hipple，2002），组织共享心智模型以"惯例"的形式维护并保持着一个组织的知识传统，以约定俗成的组织心理反应机制与思维定式决定着一个组织的知识转化能力与知识转移过程。因此，探索一个组织的共享心智模型如何对其组织知识创新成果在其内部传播产生影响与作用的规律性，或许是我们真正能走出当前组织知识创新成果内部传播低效率困境的最终出发点，值得我们对此做进一步更深入的研究。

6. 2

影 响 过 程 的 原 理 分 析

6. 2. 1　内在隐性知识共享水平的影响

组织共享心智模型中的内在隐性知识共享水平直接决定着一定时期组织知识创新成果内部传播的效率水平。组织共享心智模型中的内在隐性知识共享结构代表着该组织所具有的内在隐性知识共享水平，他直接决定着该组织一定时期的知识创新成果传播的效率水平。其具体表现在以下两个方面：

（1）组织共享心智模型中的内在隐性知识共享水平直接决定着该组织在一定时期的知识转化能力水平。关于不同知识形式之间能否相互转化的问题，正如前面第 4 章中所分析的，目前学术界存在着三种明显不同的观点，一是野中郁次郎（2000）为首在"SECI 模型"中所表述的观点，即不同知识形式在组织中是可以成功的转化的；二是美国学者库克（S. Cook）的"生成之舞蹈"的观点即认为不同知识形式是不能相互转化的，只能在组织知识生成中以一种"生成之舞蹈"的方式产生不同的作用（S. Cook，1999）；三是中国管理学家王众托的"部分转化"观点，即认为不同知识形式只能通过适当的途径部分的转化（王众托，2004）。纵观这些学者的观点，他们往往偏重于从组织的直接转化能力来探讨不同形式知识之间的转化

·101·

问题，即通过直接交流、直接整合、直接编码将不同形式知识进行转化的问题，实际上，真正代表组织知识转化能力水平的是组织的间接知识转化水平，即组织心智模型中的内在隐性知识共享水平，许多情景下的不同形式知识之间能否真正转化的问题，不是由组织本身所具有的社会化、外化、内化与整合能力（"SECI"水平）决定，而是由组织中的内在隐性知识共享水平决定，这一点正如纳尔逊、温特指出的，同样一个手势、一个眼神甚至一声口哨，在某些组织中也许不知所云，但在一个内在隐性知识共享水平很高的组织中，却能成功地被转化为组织成员所理解的各种明晰性知识，成为组织成员所特有的一种内在沟通形式（Nelson & Winter，1982）。因此，组织知识转化能力水平是组织内在隐性知识共享水平的一个内生变量，它最终决定于一个组织的心智模型共享水平。

（2）组织共享心智模型中的内在隐性知识共享水平也同样决定着一定时期组织的知识转移能力水平。知识转移是组织知识创新成果传播的根本路径与内在过程，组织知识转移能力同样是制约组织知识创新成果传播效率的一项根本指标。组织知识转移能力也同样可以分为直接转移能力与间接转移能力。直接转移能力主要体现在知识转移的传播源通过使用计算机网络、数据库、文字资料进行编码、输出的能力与接受者的解码、吸收能力，而由于被转移的组织知识创新成果的内在模糊性、系统性以及复杂性，能够通过直接编码与解码进行输出、输入转移的知识内容往往十分有限，这时就需要组织知识的转换能力与组织知识的间接转移能力，两者的区别在于对知识转移速度的影响上，如果所有的组织知识创新成果在传播中都需要在传播源与接受者之间时刻不断地进行各种形式知识之间的转化，往往会影响知识转移的速度，而如果此时组织知识的间接转移能力水平高，即组织内在隐性知识共享水平高，组织知识创新成果所蕴涵的各种内在模糊性、系统性、复杂性的隐性知识，不需要经过转化为清晰的、自治性的、简单性的知识，而是早已嵌入在组织的内在共享隐性知识结构之中，则组织知识创新成果的转移速度与效率水平便会极大的提高。因此内在隐性知识共享水平不但决定了组织知识的转化能力水平，也同时决定了组织知识的转移能力水平，从而也最终决定了组织知识创新成果的传播效率水平。

6.2.2 内在价值意义共享水平的影响

组织共享心智模型中的内在价值意义共享水平能够对一定时期组织知识创新成果内部传播的广度、深度与速度产生积极的推进作用，从而影响着组织知识创新成果内部传播效率水平不同时期的演变趋势。由于组织共享心智模型中的内在价值意义共享结构能够为组织知识创新成果的有效传播提供共同的价值意义激励背景，代表着一定时期该组织的价值意义共享水平，因此，当组织知识创新成果在不同的职能部门、项目团体与专业成员之间进行传播时，每一传播过程开始时的自觉参与传播者的人数以及不同传播时期接受者接受传播成果的热情、积极性都由该阶段组织的内在价值意义共享水平提供着最重要的内在激励支持，从而决定着该组织知识成果传播效率水平在不同阶段的提高与变化情况。具体分析如下：

（1）组织共享心智模型中的内在价值意义共享水平决定了一定时期内自觉自愿选择参与该组织知识创新成果的传播人数（即传播广度）。组织成员能否自觉自愿的参与该组织知识创新成果的传播，主要依靠的是其内在价值意义的支持，如果组织知识创新成果传播源与接受者的内在价值意义结构是共享的，这将会促使传播者与接受者能自觉自愿的进行该项组织知识创新成果的传播，从而在传播广度上极大的提高组织知识创新成果的传播效率水平。

（2）组织共享心智模型中的内在价值意义共享水平能够对一定时期内组织知识创新成果的传播效率产生一种"挤入效应"，从而提高组织知识创新成果在组织内部的传播深度。根据奥斯勒和弗瑞（Osterlon & Fray，2000）的研究分析，影响组织知识创新成果传播效率的因素可以分为两种类型：一是外在激励因素；二是内在激励因素。其中，外在激励因素只能单纯地激励组织知识创新成果的外显知识部分的传播，却不能有效地促进知识创新成果的内在隐性知识部分的传播，甚至还会对内在隐性知识的传播效率产生一种

"挤出效应"，抵制内在隐性知识的有效转移，而来自组织内在价值意义共享结构的内在激励因素则恰恰相反，能够对组织知识创新成果的内在隐性知识部分传播产生一种有效的"挤入效应"，从而极大地改进了组织知识创新成果在组织内部传播的深度。

（3）组织共享心智模型的内在价值意义共享水平也能影响着一定时期组织知识创新成果的传播速度。如果一个组织的内在价值意义共享水平较高，则当组织知识创新成果在传播伊始时，各组织成员甚至没有必要进行任何语言的商讨，便能迅速一致的进行选择与决策，从而达成一种自觉自愿的默契，极大地减轻了有限理性的压力，提高了组织知识成果的传播速度。

因此，组织共享心智模型中的内在价值意义共享结构能够在组织知识成果传播活动中形成一体感，并贯穿到整个组织知识创新成果的传播过程中，使各种相关的传播活动能有效地融合起来，改进组织知识创新成果内部传播的广度、深度与速度，从而极大的提高组织知识创新成果内部传播的效率水平。

6.2.3 两者互动作用的影响

从长期来看，组织共享心智模型中的内在隐性知识共享水平与内在价值意义共享水平的互动一致性将决定着组织知识创新成果在组织内传播效率的演化路径与最终均衡水平。正如第3章中所引述的科斯塔和萨莉姆（Costa & Thaillieu，2004），胡琳舍德和布兰登（Hullinshead & Brandon，2004），武欣和吴志明（2005）等人所做的实证研究分析表明，组织共享心智模型中的内在隐性知识共享结构与内在价值意义共享结构存在着一种明显的互动关系，这在组织知识创新成果的内部传播过程中具体表现为，一方面，组织共享的内在隐性知识结构会提高组织内部成员的理性选择水平，不断修正着不同时期组织成员的内在价值意义共享结构，影响着组织内部成员对组织知识创新成果进行自觉自愿的选择与接受的概率；另一方面，组织成员的内在价值意义共享结构，又会不断激励着组织内部成员对与组织知识创新成果在组织内部传播中所需要的各种相关的内在隐性知识的积累与共享，从而促使组织知识创新成果传播效率水平的不断提高。因此，从长期来看，正是组织内在隐性知识共享水平与组织内在价值意义共享水平的相互制衡与约束，最终决定着组织知识创新成果内部传播效率水平的长期演化路径与最终均衡水平，也正是基于有关这方面的认识出发，美国学者桑卓兰斯克（G. Szulanski）通过建立规范的相关分析模型，对美国 8 家企业组织 122 个组织知识创新成果（包括各种优秀惯例）在组织内部传播的过程进行了定量研究，结果表明，传播源与接受者在交流中的对组织知识创新成果（惯例）的潜在因果关系的内在隐性知识共享程度以及传播源与接受者共同的内在价值意义激励背景是影响组织知识创新成果内部传播效率的两大关键因素，而两者之间的互动关系又最终决定着组织知识创新成果内部传播效率的长期发展态势（G. Szulanski，1996）。

6.3

影 响 过 程 的 模 型 分 析

根据上面的原理分析，我们知道，组织共享心智模型中的组织隐性知识共享结构与组织内在价值意义结构以及两者的互动一致性将最终决定组织知识创新成果内部传播的长期均衡水平，对此，国内外相关学者曾尝试运用数理模型的形式进行过相应的分析与论证，如纳尔逊、温特曾运用一个时间序列模型来描述组织知识创新成果在组织内部传播过程的时间序列特征，从而探寻组织内在心智共享因素对组织知识创新成果内部传播效率的影响与作用规律（Nelson & Winter，1982），但该模型重在对组织知识创新成果内部传播路径与变动趋势的模拟与预测分析，没有提出组织共享心智模型对组织知识创新成果内部传播效率影响的具体模型表征；后来盛朝瀚、蒋德鹏在纳尔逊、温特的研究成果基础上，通过运用一个演化博弈模型对组织知识创新成果内部传播的演变路径进行了表征，但该模型是把组织内在价值意义共享结构作为一个既定的外生变量（即模型是假定处于一定组织文化与组织价值观背景下的组织主体）来侧重考察组织的内在隐性知识共享结构对组织知识创新成果内部传播效率的影响与作用机制（盛昭瀚、蒋德鹏，2002）。本节在总结这些相关学者成果的基础上，提出了一个更具综合性的数理模型（即一方面把纳尔逊、温特模型的分析结论定理化，另一方面把盛昭瀚、蒋德鹏所假定的组织内在价值意义共享结构作为一个既定的外生变量内生化）来对基于组织共享心智模型的组织知识创新成果内部传播效率演变特征进行一个较全面具体的分析，以便为我们后文对组织知识创新成果内部传播效率的演变路径与长期均衡水平的实证考察提供数学原理上的支持。为此，我们首先提出两种相关假设：

（1）在知识成果传播初期，即 $t=0$ 时，组织隐性知识共享率为 x_t（$0 \leqslant x_t \leqslant 1$），则组织知识创新成果的内部传播效率水平 $f_t \propto x_t$（"$\propto$"表示成比例），为了简化分析，我们这里直接给定 $f_t = x_t$。

（2）从 $t=1$ 开始，每期有且仅有一个新的组织成员考虑将是否愿意参与该项知识创新成果的传播，组织成员愿意参与传播的概率依赖于该组织共享的内在价值意义结构，而这又依赖于组织成员对该组织知识创新成果的共同认知程度，即组织内在隐性知识共享水平 $\{x_t\}$，我们用 $q_t(x_t)$ 表示该组织成员愿意参与该组织知识成果传播的概率，显然，$\{x_t\}$ 与 $q_t(x_t)$（$t=1, 2\cdots$）皆是一个随机过程。

在以上假设的基础上，我们给出定义：

定义 6-1 定义离散型随机变量 $\beta_t(x_t)$ 如下：$\beta_t(x_t)$ 仅取 1 和 0 两个值，分别对应于该组织成员愿意或不愿意参与传播的情形，其概率分布为：

$$P\{\beta_t(x_t)=1\} = q_t(x_t) \tag{6-1}$$

$$P\{\beta_t(x_t)=0\} = 1 - q_t(x_t) \tag{6-2}$$

由上述 $\beta_t(x_t)$ 的定义我们有：

$$E[\beta_t(x_t)|x_t] = q_t(x_t) \tag{6-3}$$

这里 $E[\,\cdot\mid\cdot\,]$ 表示条件数学期望。

t 期愿意选择参与传播的组织成员总数为 $x_t \cdot (t+N)$，在 $t+1$ 期有一个新的组织成员参与选择，如果他选择愿意参与传播，则 $\beta_t(x_t)=1$，如果他选择拒绝参与传播，则 $\beta_t(x_t)=0$，因而 $t+1$ 期选择参与传播的人数总数为 $x_t \cdot (t+N) + \beta_t(x_t)$；另一方面，$t+1$ 期选择参与传播的人数总数为 $x_{t+1} \cdot (t+N+1)$ 故我们有如下的等式：

$$x_{t+1} \cdot (t+N+1) = x_t \cdot (t+N) + \beta_t(x_t) \qquad (6-4)$$

对式 （6-4） 进行整理得：

$$x_{t+1} = \frac{t+N}{t+N+1} \cdot x_t + \frac{\beta_t(x_t)}{t+N+1}$$

$$= x_t + \frac{\beta_t(x_t) - x_t}{t+N+1}$$

$$= x_t + \frac{\beta_t(x_t) - q_t(x_t)}{t+N+1} + \frac{q_t(x_t) - x_t}{t+N+1} \qquad (6-5)$$

由式 （6-3） 与式 （6-5） 得：

$$E[x_{t+1} | x_t] = x_t + \frac{1}{t+N+1} [q_t(x_t) - x_t] \qquad (6-6)$$

于是，我们可得出如下定理：

定理 6-1 记 $S=[0, 1]$，设 $q_t(x_t)$ 收敛于 $q(x)(t \to \infty)$，$q(x)$ 在 S 上连续且可微，并满足下面两个条件：

（1） $\exists \alpha_t$, $\underset{x \in S}{Sup} |q_t(x_t) - q(x)| \leq \alpha_t$，$\alpha_t$ 为常数且 $\sum_{t=1}^{\infty} \frac{\alpha_t}{t} < \infty$ （设为条件 （1））。

（2） $G = \{x \mid q_x = x, x \in s\}$ 为函数 $q(x)$ 的不动点集合，G 为有限点集 （设为条件 （2））。

那么上述随机过程 $\{x_t\}$ 几乎处处收敛于 G 中某一点。

定理证明：

第一步，先证明 $\forall \varepsilon > 0$，$\exists$ 开域 $U_\varepsilon(G) \subset G$，$(x_t)$ 从某一时刻必退出 $S \setminus U_\varepsilon(G)$。

事实上，由定理的已知条件容易推得 $q(x)$ 是连续可微的，这样一来，$\forall \varepsilon > 0$，根据 $q(x)$ 的连续性，$\exists \delta > 0$ 和开域 $U_\varepsilon(G)$，$U_\varepsilon \Leftrightarrow G$，使得：

$$[q(x)-x]\cdot[x-q(x)]<-\delta, \forall x\in S\backslash U_\varepsilon(G)$$

定义：$V(x)=\int_0^x[t-q(t)]\mathrm{d}t+C$

这里 C 为常数，我们取 C 足够大，保证 $V(x)$ 非负，则：

$$V'(x)=x-q(x)$$

如果 $\{x_t\}$ 存在无穷子序列落在 $S\backslash U_\varepsilon(G)$，为方便起见，不妨就记为 $\{x_t\}$，根据上面式 (6-6) 有

$$E[x_{t+1}-x_t|x_t]=\frac{q_t(x_t)-x_t}{t+1+N}$$

由 $q(x)$ 可微性及一阶泰勒展开式，我们有：

$$E[V(x_{t+1})-V(x_t)|x_t]\cong V'(x_t)E[x_{t+1}-x_t|x_t]$$

$$=[x_t-q(x_t)]\cdot\frac{[q(x_t)-x_t]}{t+1+N}\leqslant-\frac{\delta}{t+1+N}$$

$$\sum_{t=T}^\infty E[V(x_{t+1})-V(x_t)|x_t]\leqslant\sum_{t=T}^\infty-\frac{\delta}{t+1+N}=-\infty$$

这与 "V 是有下界的" 相矛盾，故 $\{x_t\}$ 从某一时刻必退出 $S\backslash U_\varepsilon(G)$。第一步得证。

第二步，记 $\eta_t(x_t)=\beta_t(x_t)-q_t(x_t)$

$$D_T^s(x_t)=\sum_{t=T+1}^s\frac{\eta_t(x_t)}{t+1+N}$$

根据随机系统极限理论，我们有：$P\{D_T^\infty(x_t)\xrightarrow[T\to\infty]{}0\}=1$

由条件（1）可知，$\forall\varepsilon>0$，$\exists$ 充分大的 T_1，当 $t>T_1$ 时，$\{x_t\}$ 在 $U_\varepsilon(G)$ 内。

由条件（2）可知，$\forall\varepsilon>0$，$\exists$ 充分大的 T_2，当 $t>T_2$ 时，$P\{\underset{s}{Sup}D_T^s\leqslant\varepsilon\}\geqslant1-\varepsilon$。

故 $\{x_t\}$ 几乎处处收敛于 G。如果 $\{x_t\}$ 有两个极限点 x^*，$x^{**}\in G$，取 ε 充分小，使得 $|x^*-x^{**}|>\varepsilon$，这与 $P\{\underset{s}{Sup}D_T^s\leqslant\varepsilon\}\geqslant1-\varepsilon$ 相矛盾。

综上所述，定理得证。

此定理揭示出的实践含义是：从长期来看（$t \to \infty$），不同时期组织成员选择是否参与组织知识创新成果传播的概率 $q_t(x_t)$ 由组织长期的内在价值意义的共享水平 $q(x)$ 来决定，即 $q_t(x_t)$ 收敛于 $q(x)$，而且不同时期组织内在隐性知识共享率 x_t 的演化路径也由组织长期的内在隐性知识共享水平 x 与组织长期的内在价值意义共享水平 $q(x)$ 的互动关系来共同决定，两者的统一性，即 $q(x) = x$ 决定了 x_t 的长期均衡水平，即从长期演化过程来看，x_t 处处收敛于 $q(x) = x$ 中的某一点。其具体演变路径如下面图 6 -1 所示。而由于我们假定了不同时期组织知识创新成果的内部传播效率水平 $f_t = x_t$，因此，x_t 的演化过程特征，同样揭示了 f_t 的内在演化规律，即从长期（$t \to \infty$）来看，组织的内在隐性知识共享水平 (x) 与内在价值意义共享水平 $(q(x))$ 的统一性 $q(x) = x$ 决定了组织知识创新成果内部传播的效率水平 f_t 的最终均衡水平。

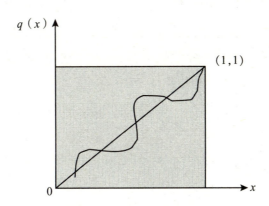

图 6 -1　基于组织共享心智模型的组织知识创新成果内部传播效率演变过程模型

6.4

基于原理与模型分析的进一步实证假设提出

随着知识经济背景下企业资源的基础从自然资源向知识资源的转化，组织知识创新成果已成为创造和维持组织竞争优势的重要源泉，要使这一源泉的潜在价值能得到最大限度地挖掘与发挥，必须使组织知识创新成果能在组织内部得到充分有效的传播与推广。但通过上述分析，我们已经得知：组织知识创新成果内部传播与推广是一个极其复杂的过程，几乎涉及整个组织知识管理工作的各个方面的内容，甚至各个具体的环节，因此，要想克服当前各个组织中普遍存在的组织知识创新成果内部传播与推广的低效率窘况，就必须探寻清楚隐藏在组织知识成果传播与推广过程背后的各种复杂因素及其他们之间的相互作用规律，而本章所提出并论证的组织共享心智模型中共享的组织内在隐性知识结构与内在价值意义结构对组织知识创新成果内部传播与推广过程及效率的影响与作用原理，或许能为这一研究提供一个新的视角，并为今后各组织在进行组织知识创新成果内部传播与推广时的技术流程安排与激励制度设计找到一条新的思路，但组织共享心智模型对一个组织的组织知识创新成果内部传播效率水平的影响程度到底有多大，最终的结论是否具有真正的实际价值意义还必须更深入地接受来自组织知识创新管理实践的实证数据的检验，为此，我们在以上分析的基础上提出留待后面进行进一步实证的假设 13（H 13）和假设 14（H 14）：

H 13：组织共享心智模型中内在隐性知识共享水平影响组织知识创新成果内部传播效率水平。

H 14：组织共享心智模型中内在价值意义共享水平影响组织知识创新成果内部传播效率水平。

6. 5

本 章 小 结

本章从组织共享心智模型的视角，通过深入分析组织知识创新成果内部传播过程背后所隐藏的种种复杂因素及其作用规律，提出并论证了组织共享心智模型中共享的组织内在隐性知识结构与组织内在价值意义结构的互动一致性将最终决定组织知识创新成果内部传播效率的长期均衡水平的原理。该原理或许能为组织今后进行组织知识创新成果传播的技术流程安排与激励机制设计找到一条新的思路，具有一定的理论与实践价值，值得我们今后作更进一步的对策性研究。

第7章

基于组织共享心智模型的组织知识创新管理研究的实证设计

本章首先对第 3 章至第 6 章的基于原理分析基础上所提出的 14 项假设关系进行综述，然后根据这些假设关系构建了有待实证的研究模型，最后对实证研究的调查问卷设计方法、样本及调查结果作了具体的说明。

7.1

假设关系综述

根据第 3 章至第 6 章的原理分析，我们共构建了 14 项假设关系，假设关系的核心是组织知识创新管理中组织共享心智模型的作用（包括作用的前因与后果两个方面的内容），该作用我们又分别从组织共享心智模型中的组织内在隐性知识共享水平与组织内在价值意义共享水平两个方面来进行分析，其中有 3 项假设（H1、H2、H3）是关于组织内在隐性知识共享水平的直接形成前因；3 项假设（H4、H5、H6）是关于组织内在价值意义共享水平的直接形成前因；3 项假设（H9、H 11、H 13）是关于组织内在隐性知识共享水平的直接作用后果；3 项假设（H 10、H 12、H 14）是关于组织内在价值意义共享水平的直接作用后果；2 项假设（H7、H8）是关于组织内在隐性知识共享水平与组织内在价值意义共享水平之间的相互作用关系，因此，凡是作为组织内在隐性知识共享水平直接作用前因与直接作用后果的假设，都将是组织内在价值意义共享水平间接作用前因与间接作用后果的假设；同样，凡是作为组织内在价值意义共享水平直接作用前因与直接作用后果的假设也都将是组织内在隐性知识共享水平间接作用前因与间接作用后果的假设，全部假设关系陈述如下。

H1：组织学习影响组织共享心智模型中内在隐性知识共享水平。

H2：交叉培训影响组织共享心智模型中内在隐性知识共享水平。

H3：经验交流影响组织共享心智模型中内在隐性知识共享水平。

H4：组织文化影响组织共享心智模型中内在价值意义共享水平。

H5：组织激励机制影响组织共享心智模型中内在价值意义共享水平。

H6：组织构成影响组织共享心智模型中内在价值意义共享水平。

H7：组织共享心智模型中内在隐性知识共享水平影响内在价值意义共享水平。

H8：组织共享心智模型中内在价值意义共享水平影响内在隐性知识共享水平。

H9：组织共享心智模型中内在隐性知识共享水平影响组织知识创新能力开发水平。

H 10：组织共享心智模型中内在价值意义共享水平影响组织知识创新能力开发水平。

H 11：组织共享心智模型中内在隐性知识共享水平影响组织知识创新战略内在集成能力水平。

H 12：组织共享心智模型中内在价值意义共享水平影响组织知识创新战略内在集成能力水平。

H 13：组织共享心智模型中内在隐性知识共享水平影响组织知识创新成果内部传播效率水平。

H 14：组织共享心智模型中内在价值意义共享水平影响组织知识创新成果内部传播效率水平。

7.2
实证研究的结构模型构建

根据以上所作的这14项假设，我们初步构建了下列有待进一步实证检验的结构模型如图7－1所示。

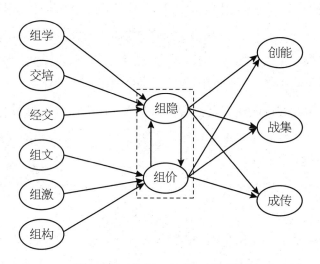

图 7 –1　基于组织共享心智模型的组织知识创新
管理研究的实证结构模型

在图7－1中："组隐"是"组织内在隐性知识共享水平"的简称；"组价"是"组织内在价值意义共享水平"的简称；"组学"是"组织学习"的简称；"交培"是"交叉培训"的简称；"经交"是"经验交流"的简称；"组文"是"组织文化"的简称；"组激"是"组织激励机制"的简

称；"组构"是"组织构成"的简称；"创能"是"组织知识创新能力开发水平"的简称；"战集"是"组织知识创新战略内在集成能力水平"的简称；"成传"是"组织知识创新成果内部传播效率水平"的简称。本书后面的分析中凡出现同样的简称，含义皆相同，不再一一标明。

从图7-1可以看出，组织内在隐性知识共享水平与组织内在价值意义共享水平是模型的核心，组织学习、交叉培训、经验交流等是组织内在隐性知识共享水平的直接形成前因，他们主要通过组织成员之间知识、技能与经验的相互学习、交流与融合等共同的理性认知过程来促进与提高组织内在隐性知识的共享水平，同时也通过组织内在隐性共享水平与组织内在价值意义共享水平之间的正相关作用间接地促进与提高了组织内在价值意义共享水平；组织文化、组织构成、组织激励机制等是组织成员之间内在价值意义共享水平的直接形成前因，他们主要通过组织成员之间的日常交往、情感发展，身份认知等价值信念认同过程来促进与提高组织内在价值意义共享水平，同时也通过组织内在价值意义共享水平与组织内在隐性知识共享水平的正相关关系来提高组织的内在隐性知识共享水平；组织内在隐性知识共享水平与组织知识创新能力开发水平、组织知识创新战略内在集成能力水平、组织知识创新成果内部传播效率水平之间的箭头关系，表示组织内在隐性知识共享水平对这三项组织知识创新管理变量的直接作用，同时通过组织内在价值意义共享水平对组织内在隐性知识共享水平的箭头关系，也表示了组织内在价值意义关系水平通过组织内在隐性知识共享水平对这三项组织知识创新管理变量的间接作用；组织内在价值意义共享水平与组织知识能力开发水平、组织知识创新战略内在集成能力水平、组织知识创新成果内部传播效率水平之间的箭头关系，表示组织内在价值意义共享水平对这三项组织知识创新管理变量的直接作用，同时通过组织内在隐性知识共享水平对组织内在价值意义共享水平的箭头关系，也表示了组织内在隐性知识共享水平通过组织内在价值意义共享水平对这三项组织知识创新管理变量的间接作用。总之，通过以上模型我们可以分析与检验组织共享心智模型的形成机制及其对组织知识创新管理的作用效果。

7.3
调 查 问 卷 设 计

本书的调查问卷是在大量的文献总结以及在江苏省作了对三家相关的知识型企业（金蝶国际软件集团有限公司、富士通（中国）有限公司和新福达电子有限公司）的深度访谈基础上形成的。问卷在笔者设计后，又在上海和江苏找了六家从事人力资源管理、知识和信息管理工作的部门负责人作了预调研，根据他们的意见和建议，对问卷作了一定的修正。

调查问卷的中心内容共分四部分：问卷第一部分是对组织内在隐性共享水平及其形成前因的调查，主要是对模型中 4 个潜变量（latent variable）因子（也称隐含变量或构造变量（construct variable））的构建度量，问卷第二部分是对组织内在价值意义共享水平及其形成前因 4 个潜变量因子的构建度量；问卷第三部分是对组织内在隐性知识共享水平与组织内在价值意义共享水平在组织知识创新管理中作用的效果的度量；问卷第四部分是对被调查者的个人情况以及对被调查者企业的一些情况的调查。

对调查问卷中有关潜变量因子的度量，有的是直接借用国外学者的度量方法，有的是在国外学者的度量方法的基础上，由笔者自己创作，并根据预调研的结果进行修正而成。

调查问卷采用 5 级 Likert 分量制，要求被调查者用"1"、"2"、"3"、"4"、"5"来填入代表自己观点的数字，其中，"1"代表"完全不同意"；"2"代表"不同意"；"3"代表"不能确定"；"4"代表"同意"；"5"代表"完全同意"。

7.3.1　问卷第一部分

问卷第一部分是对组织内在隐性知识共享水平及其形成前因的衡量：

（1）组织内在隐性知识共享水平。由于组织内在隐性知识共享结构是不同组织成员内在隐性知识结构与经验的相似、重叠与分享，因此，传统测量组织内在隐性知识共享水平的方法，往往分为两个步骤：一是如何引导出不同组织成员的内在隐性知识结构；二是如何测度不同组织成员内在隐性知识结构的交叉、一致或共享程度。为此，詹姆士（James，2001）等人通过采用与组织工作流程、组织工作情境、组织行为趋向相关的7个条款在 Likert 量表上来探明组织成员相应的内在隐性知识结构特征，并用组织内在一致性指标（within‐group agreement，r_{wg}）来衡量组织成员内在隐性知识结构的一致性程度，此方法后来经过邓拉普（Dunla）与莱文斯克（Levesque）等人的发展，现在已经比较成熟；瑞慈查（Rentsch，2003）和克利姆斯基（Klimoski，2003）则根据詹姆士（James）设置的7个度量条款，通过路径发现法（Pathfinder）与多维标度法（Multidimensional Scaling，MDS）来判定组织成员内在隐性知识结构的相似性，相似性系数 C 与误差程度 R^2 是其进行衡量与判别的两个核心变量；其他一些学者如伊莎贝拉（Sabella M J，2002）和马克斯（Marks，2002）等则通过提取出完成组织工作所必须地核心的5个度量条款，运用认知图示法（concept mapping）、卡片分类法（carting sorting）等方法来衡量组织成员之间内在隐性知识结构一致性的水平。马克斯（Marks）等人运用认知图示法在2002年的一项实验室研究中以不同组织成员认知图的重叠百分比作为组织内在隐性知识结构共享水平指标，变化范围为 0～100%。本调研对组织内在隐性知识共享水平的衡量，在借鉴已有的这些度量方法与度量条款的基础上，结合本调研分析的需要，用7个条款来衡量，要求被调查者按5级 Likert 分量制来表达自己对每一条款的不同赞同程度如表7‐1所示。

表7‐1　　　　　　　　**组织内在隐性知识共享水平的衡量**

简称	衡量条款的具体内容
组隐1	我与同事之间彼此都了解对方的工作技能水平
组隐2	我与同事之间彼此都了解对方的专业知识内容
组隐3	我与同事之间彼此都了解对方工作经验的情况

简称	衡量条款的具体内容
组隐4	我与同事之间彼此都了解对方完成工作的过程
组隐5	我与同事之间彼此都了解对方的工作方式与风格
组隐6	我与同事之间在工作交流时拥有一套特定的语言或符号
组隐7	我与同事之间每次面临工作新决策时能迅速达成默契

（2）对组织学习的衡量。组织学习的最终目的在于通过对组织成员之间分立的隐性知识进行整合而不断提高组织中内在隐性知识的共享水平。对于组织学习这方面效果的衡量不同学者从不同的角度提出了不同的度量方法与度量条款。大卫·加文（David A. Gavin，1996）借鉴 Analog Devices 公司经验提出的"half – life curve"方法，采用与"组织成员学习意识"相关的3个条款来对组织学习效果进行了衡量；美国生产率与质量中心（APQC）在推行知识管理实践的背景下，于 1995～1997 年用与"学习时间"相关的5个度量条款对美国、欧洲 70 多家企业的学习效果进行了实证研究与测度。南希（Nancy M. Dixon，1999）则用与"学习形式选择"及"学习内容安排"相关的5个度量条款对不同组织的学习效果进行了衡量，并且测得 Cronbach Alpha 值达到 0.88。本书的调研在概括与借鉴这些已有度量方法与度量条款的基础上，采用4个衡量语句来对组织学习的效果进行衡量，要求被调查者按5级 Likert 分量制来表达自己对每一条款的不同赞同程度如表7 – 2 所示。

表7 – 2　　　　　　　　　　　　组织学习的衡量

简称	衡量条款的具体内容
组学1	我对参与单位举办的各种学习活动非常有兴趣
组学2	我们单位经常举办各种集体学习活动
组学3	我们单位每次集体学习的时间都很长
组学4	我觉得我每次参加集体学习的效果都很好

（3）对交叉培训的衡量。由于交叉培训（cross-training）在改进组织内在隐性知识结构，提高组织内在隐性知识共享水平方面具有其他方法不可替代的特殊作用，因此，越来越多的知识管理理论者与实践者开始重视对交叉培训效能的实证研究与实证测度。坎农·鲍尔斯等（Cannon-Bowers et al.，1998），维普等（Vope et al.，2003）采用与交叉培训制度相关的3个度量条款研究表明，交叉培训制度越完善的组织绩效要优于没有建立交叉培训制度的组织；马克斯（Marks，2002）则通过设置5个与交叉培训时间相关的度量条款直接证明，交叉培训能促进组织内在隐性知识共享结构的建立，与没有专门安排时间进行交叉培训的组织相比，交叉培训的时间越充分的组织拥有更高的内在隐性知识共享水平。本书调研在综合这些学者研究成果的基础上，采用5个衡量语句来对交叉培训的效果进行衡量，要求被调查者按5级Likert分量制来表达自己对每一条款的不同赞同程度如表7-3所示。

表7-3　　　　　　　　　　　　交叉培训的衡量

简称	衡量条款的具体内容
交培1	我经常与其他同事进行轮岗或换岗培训
交培2	我每次换岗都轮岗培训的时间都很长
交培3	我觉得每次的换岗或轮岗培训的效果都很好
交培4	我觉得换岗或轮岗培训对我工作很有帮助
交培5	我觉得我们单位关于换岗或轮岗培训的各种制度很健全

（4）经验交流的衡量。经验交流是组织成员进行内在隐性知识分享的一个重要步骤，也是组织成员个体内在隐性知识社会化与组织共享的过程，同时又是新概念产生、纠正与新原型（新原型可以是组织所开发出的产品实体，也可以是组织所开发出的新的运行机制，如组织新的价值观、新的管理系统或新的组织结构）的建立以及组织新知识跨部门拓展的基本前提（Ikujiro Noraka，1991）。但由于不同的组织在长期的实践摸索中往往拥有其自身一套独特的经验交流渠道与交流方法，因此，有效的交流渠道与交流方

法的建立往往是衡量一个组织经验交流有效性的重要指标，埃德蒙森（Edmondon，2003）就采用与经验交流渠道及交流方法相关的5个条款来对经验交流效果进行衡量，测得 Cronbach Alpha 值达到0.94。本书的调研就借鉴埃德蒙森（Edmondon）这一度量方法，采用5个语句来对组织经验交流的效果进行度量，要求被调研者按5级 Likert 分量制来表达自己对每一条款的不同赞同程度如表7-4所示。

表7-4　　　　　　　　经验交流的衡量

简称	衡量条款的具体内容
经交1	我一直都很渴望能有机会与同事进行工作经验交流
经交2	我与同事进行经验交流的次数很多
经交3	我每次与同事进行经验交流的时间都很长
经交4	我单位有鼓励我与同事之间进行经验交流的各种制度与措施
经交5	我与同事之间进行经验交流时经常谈到各自的失败教训

7.3.2　问卷第二部分

问卷第二部分是对组织内在价值意义共享水平及其影响前因的衡量：

（1）组织内在价值意义共享水平。组织中的内在价值意义共享结构与内在隐性知识共享结构最大的区别是，知识结构有正确与否的区分，但价值意义结构反映的是组织成员对某项价值意义标准的认同、相似或相容，因此，对组织内在价值意义共享水平的衡量方法往往更具有主观性、模糊性与相对性。本书的调研对组织内在价值意义共享水平的衡量是直接借用了卡罗林（Carolyn，2001）、拉里（Larry，2001）和瑞安基希（Rajesh，2001）的衡量方法，共8个语句，他们以美国238家企业组织为样本，所检验的 Cronbach Alpha 值为0.90。本书的调研要求被调查者采5级 Likert 分量制来表达对各个度量条款的不同赞同程度如表7-5所示。

表7-5　　　　　　　　**组织内在价值意义共享水平的衡量**

简称	衡量条款的具体内容
组价1	我很关心我们单位将来的发展情况
组价2	我对我们单位将来的发展前途充满了信心
组价3	我认为我在单位的工作很有意义
组价4	我与单位同事在工作合作中感到很愉快
组价5	我与单位同事在日常工作中都相互支持
组价6	我认为我们单位当前的工作目标值得我们大家努力去追求
组价7	我认为我们领导或同事对我所作出的每一项承诺都值得信赖
组价8	我认为我对自己的工作非常尽责

（2）对组织文化的衡量。对一个组织的组织文化的性质与特征的认识主要是通过一个组织内部的人际关系和谐程度和团结一致程度来衡量。帕斯卡与阿索斯（1984）曾运用与组织内部人际关系和睦程度相关的7个度量条款对美国190家企业的组织文化特征进行了衡量，所测得的Cronbach Alpha值达到0.87；伍德曼（1991）则通过采用7个与组织内部团结一致性程度相关的条款，对美国、欧洲与日本的一些企业组织进行了跨文化的实证研究，所测得的Cronbach Alpha值达到0.92。本书的调研主要是综合借鉴这三位学者的相关度量方法与度量条款，并结合我国一些企业组织的组织文化发展背景特征，用4个语句来对组织文化进行衡量，要求被调查者采用5级Likert分量制来表达对各个度量条款的不同赞同程度如表7-6所示。

表7-6　　　　　　　　**组织文化的衡量**

简称	衡量条款的具体内容
组文1	我感觉到我们单位有一种与其他单位不同的文化气氛
组文2	我非常喜欢我们单位现在这种文化气氛
组文3	当我或我的同事遇到困难时大家都乐于相互帮助
组文4	当我心中存在困惑时我很愿意向同事或领导倾诉

（3）对组织激励机制的衡量。激励机制是通过一套理性化的制度来反映激励主体与激励客体相互作用的方式。对一个组织的激励机制的内容与效果的衡量，目前相关的理论与方法有很多，如勒波夫（1998）通过采用 10 个与激励行为导向相关的度量条款对美国不同企业组织的激励机制进行了比较分析，测得的 Cronbach Alpha 值达到 0.88；乔伊斯（Joyce L. Goia，1998）则根据弗洛姆期望理论公式，通过计算 7 个与组织激励行为幅度相关的度量条款的期望值，对不同组织的激励行为幅度的科学有效性进行了实证分析；贝克（Beck，2001）则采用 7 个与组织分配及奖酬机制相关的度量条款对现代知识型组织的激励机制设计有效性进行了测度，测得的 Cronbach Alpha 值达到 0.92。本书的调研在对这些已有度量方法与度量条款进行全面深入的分析与综合的基础上，运用 4 个语句来对组织激励机制进行衡量，要求被调查者采用 5 级 Likert 分量制来表达对各个度量条款的不同赞同程度如表 7 - 7 所示。

表 7 - 7   **组织激励机制的衡量**

简称	衡量条款的具体内容
组激 1	我觉得我们单位的各种奖励制度很公平
组激 2	我觉得我们单位的各种职位晋升制度很合理
组激 3	我们单位会对工作有创意的员工实行各种支持或奖励措施
组激 4	我有了好的新提议会马上向我的领导与同事提出来

（4）对组织构成的衡量。组织构成因素包括组织成员的同质性（性别、年龄、个性、专业背景等人口经济变量），以及组织历史的悠久性、组织结构的扁平性、组织分工的团队性等，肯塔斯（Kentsh，2001）与克里莫斯科（Klimosk，2001）运用与组织成员的同质性（如组织成员的经验、文化、教育背景）、组织的结构形式（扁平式组织结构或垂直式组织结构）、组织执行任务的分工方式（是否是项目团队的方式）等相关的 4 个度量条款来对组织构成进行了衡量；莱维斯克（Levesque，2001）、斯托特（Stout，2003）

则分别运用与组织发展历史以及组织成员之间的经常性交互作用等 3 个度量
条款在不同时期对组织构成的核心要素进行了衡量。本书的调研综合他们的
观点，用 7 个语句来进行衡量，每个语句用 5 级 Likert 分量制来表达被调查
者的不同赞同程度如表 7 - 8 所示。

表7 - 8　　　　　　　　　　组织构成的衡量

简称	衡量条款的具体内容
组构 1	我们单位的发展历史很悠久
组构 2	我们单位的员工都是公开招聘来的
组构 3	我们单位与同行业其他单位相比规模不大
组构 4	我们单位中员工年龄相差很小
组构 5	我们单位中员工学历相差很小
组构 6	我的工作需要经常与同事合作才能完成
组构 7	我们单位的员工来自相同地区的人较多

7.3.3　问卷第三部分

问卷第三部分是对组织知识创新管理绩效的衡量：

（1）对组织知识创新能力开发水平的衡量。组织知识创新能力开发水
平作为反映组织知识在组织创新活动中所表现出来的动态效率指标，在很大
程度上已成为判断一个组织的知识创新管理水平的基本依据。目前对组织知
识创新能力开发水平进行衡量的指标与方法主要有两种形式：一种是"硬"
的形式，即以组织一定时期所获得的显性知识成果作为计算标准来衡量组织
知识创新能力的开发水平，如安（Ann，2004）就采用新产品开发、新专利
权的获取、R&D 成功率和知识商品化利率等 4 个测量条款对组织知识创新
能力的开发水平进行衡量，测得的 Cronbach Alpha 值为 0.84；另一种是
"软"形式，即以组织成员学习、运用与开发新知识的能力标准来衡量组织
知识创新能力，如利博维茨和赖特（Liebowitz & Wright，2004）等采用组织

知识获取能力、组织知识共享能力、组织知识拓展能力、组织知识转化能力等4个测量指标对组织知识创新能力的开发水平进行衡量，测得的 Cronbach Alpha 值为 0.78。本书的调研对组织知识创新能力的衡量则同时综合以上两种方法，共用5个语句衡量，要求被调查者采用5级 Likert 分量制来表达对各个度量条款的不同赞同程度如表 7-9 所示。

表7-9　　　　　　　　　组织知识创新能力开发水平的衡量

简称	衡量条款的具体内容
创能1	我们单位新开发的产品数量与同行业其他单位相比很多
创能2	我们单位获得的发明专利数量与同行业其他单位相比很多
创能3	我们单位的研究与开发投资基金与同行业其他单位相比很多
创能4	我觉得我们单位的研究与开发项目成功率很高
创能5	我们单位发表的论文或其他作品与同行业其他单位相比很多

（2）对组织知识创新战略内在集成能力的衡量。组织知识创新战略内在集成能力是组织知识创新战略对组织内部组织成员个体中已有的各种知识存量与创新动力进行有效集聚、共享和一体化的能力，其高低将直接影响着组织知识创新战略的形成与实施效果（普拉哈拉德、哈梅尔，1994），该能力的形成贯穿于组织知识创新战略制定与实施的整个过程。博维尔和赫明哥（Bower D. W. & Heminger R. A.，2004）曾运用组织成员对组织知识创新战略目标的明确程度、对组织知识创新制定过程的了解程度与参与程度、对组织知识创新战略实施的支持程度等4个衡量条款对组织知识创新战略的内在集成能力水平进行了衡量，测得的 Cronbach Alpha 值为 0.93。本书的调研直接应用他们的度量方法，用4个语句对组织知识创新战略内在集成能力水平进行衡量，要求被调查者采用5级 Likert 分量制来表达对各个度量条款的不同赞同程度如表 7-10 所示。

表7 - 10　　　　　**组织知识创新战略内在集成能力的衡量**

简称	衡量条款的具体内容
战集1	我对我们单位的创新战略目标很了解
战集2	我对我们单位的创新战略目标非常支持
战集3	我对我们单位的创新战略规划的制定过程很了解
战集4	我对我们单位的创新战略规划的制定过程都积极参与

（3）组织知识创新成果内部传播效率的衡量。组织知识创新成果在组织内部传播效率的高低，是制约创新组织巩固与运用其知识创新成果以改善其发展绩效，提高其潜在竞争能力的一个重要因素。目前对组织知识创新成果内部传播效率的衡量方法多种多样，其中桑卓兰斯克（Szulanski）和乔希（Joshi K D）两位学者的度量方法经常被后来的研究者所借用，桑卓兰斯克（Szulanski，2001）用7个度量条款对美国8家企业122项知识创新成果在企业内部的传播效率进行了衡量，测得的 Cronbach Alpha 值为0.92；乔希（Joshi K D，2002）在他的研究中，以美国170家知识性组织为样本，用5个度量条款来对这些知识型组织的知识创新成果内部传播效率进行测度，测得的 Cronbach Alph 值为0.94。本书的调研对组织知识创新成果内部传播效率的衡量是在借鉴这两位学者方法的基础上形成的，共用5个语句来进行衡量，要求被调查者采用5级 Likert 分量制来表达对各个度量条款的不同赞同程度如表7 - 11所示。

表7 - 11　　　　　**组织知识创新成果内部传播效率的衡量**

简称	衡量条款的具体内容
成传1	我对我们单位各项创新成果的内容都很了解
成传2	我每次都非常热心参与我们单位各项创新成果的应用与推广
成传3	我对使用微机、网络等信息工具都很熟练
成传4	单位有内部局域网并在宣传单位创新成果方面做得很成功
成传5	单位出现了创新成果都会对我们进行积极宣传与应用培训

7.3.4　问卷第四部分

问卷第四部分是对被调查者个人情况以及被调查者组织情况的调查:

（1）对被调查者个人情况的调查。被调查者个人情况包括性别、受教育状况、年龄、职位四项内容。对于性别,要求被调查者根据问卷的指示,男性用"1"表示,女性用"2"表示;被调查者的学历包括高中、中专或技校、大专、本科、硕士与博士 5 个类别,要求被调查者分别用"1"、"2"、"3"、"4"、"5"来表示;被调查者的年龄分 25 岁以下、25~35 岁、35~45 岁、45~55、55 岁以上 5 个年龄段,要求被调查者分别用"1"、"2"、"3"、"4"、"5"来表示;被调查者在单位的职位分高层管理者、中层管理者、基层管理者、专业技术人员、一般员工 5 个级别,要求被调查者分别用"1"、"2"、"3"、"4"、"5"来表示。

（2）对被调查者组织情况的调查。被调查者组织情况包括被调查者组织单位所在的地区、组织单位所属的行业以及被调查者个人所属组织中的具体部门三项内容。对于被调查者组织单位所在的地区,由于本调研主要在江、浙、沪三地区开展,故被调查者组织单位分别设定为上海市、江苏省、浙江省三个地区,要求被调查者分别用"1"、"2"、"3"来表示;被调查者组织单位所属行业包括信息技术、商贸服务、金融、制造、咨询、其他共 6 个行业,要求被调查者分别用"1"、"2"、"3"、"4"、"5"、"6"来表示;被调查者个人所属的具体部门包括研发部门、业务部门、行政部门、人力资源部门、信管部门、其他部门共 6 个部门,要求被调查者分别用"1"、"2"、"3"、"4"、"5"、"6"来表示。

7.4

实证研究的测评模型构建

通过以上调查问卷设计中对各个潜变量（因子）衡量条款的制定,我们初步构建了本研究有待进一步实证检验的测评模型如图 7－2 所示。

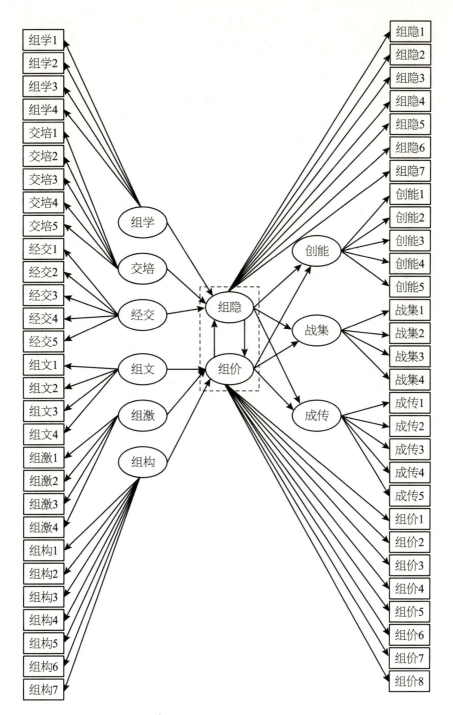

图 7 - 2　基于组织共享心智模型的组织知识创新管理研究的实证测评模型

7.5

样本与调研结果

应用经过预调研后重新修正过的调查问卷，我们对上海、江苏、浙江等地区 30 家企业进行了正式调研和数据收集[①]，每家企业我们都抽查了 4 个专门性的工作中心，他们分别是：研发中心、专门性项目管理中心、教育培训中心和客户服务中心，每个工作中心的人员大约有 3 ~ 7 人，这些工作中心虽然是企业的常设结构[②]，但人员一般由来自企业的研发部门、业务部门、行政部门（没有明确的行政部门指称的企业归入"其他部门"类中）、人力资源部门、信管部门等主要部门的业务骨干组成。这样我们总计调查的基本组织单位达 120 家[③]，被调查者所从事的具体职业岗位包括部门负责人员、职业培训人员、软件开发人员、技术服务人员、专职销售人员、后勤工作人员等，几乎涉及被调查组织单位各个岗位、各个环节的工作领域。共发放问卷 500 份，经过两个半月后，共回收问卷 397 份，回收率为 79.4%，回收率相对来说是比较高的。经过对回收问卷的审核，排除掉 9 份不合格的无效问卷[④]。这样，本书的调研共回收有效问卷 388 份，各基本调查单位的有

---

① 上海 12 家，江苏 12 家，浙江 6 家，调研涉及软件开发、管理咨询、信息中介、金融、制造、保险、商贸等近 10 个行业（除了问卷中设定调查的 5 类行业外，其他行业为被调查者在表中自愿披露的）。

② 当然，这些组织结构在个别企业中也有的称为"××部"或"××处"，但功能完全相同。因此，在本次调查的问卷设计中，为了避免不必要的分歧，我们按照中国人的通俗称谓叫"单位"，但在具体调研过程中，我们都向调查对象详细说明了问卷中的"单位"即他们目前正在工作的具体组织机构。

③ 根据经验规则，以结构模型中受到影响路径数最多的潜变量为基准，LISREL 分析的样本规模应该达到其路径数的 15 倍或以上（Balla & Grayson，1998）。在本文的研究模型中，"组织内在隐性知识共享水平"、"组织内在价值意义共享水平"是受影响路径最多的两个潜变量，指向它的影响路径分别有 4 条，可见，本研究的调查样本规模达到了 LISREL 分析的样本规模要求。

④ 有 2 份问卷填写出现严重的缺失，有很多没填写的项目；有 4 份问卷很明显是不严谨的问卷，条目填写有较明显的极端性反应，被调查者对所有调查语句的回答都是"1"；有 3 份问卷的填写则出现前后相互矛盾的现象，被调查者对含义较相近的条目前面填"1"，后面填"5"，或者相反。

效问卷数在各基本调查单位人员数中占半数以上。本书的调研发放问卷数量和回收问卷数量及有效问卷数量的具体分布情况是，上海：发放问卷数200，回收问卷数169，有效问卷数167；江苏：发放问卷数200，回收问卷数155，有效问卷数152；浙江：发放问卷数100，回收问卷数73，有效问卷数69。

由于本书中的变量是在组织群体水平上进行分析，而大多数变量却是在个体水平上进行测量的，因此，在将数据计算成每个组织群体的平均值之前必须要考察组织群体内部一致性系数是否达到了可以接受的标准。我们利用詹姆士、德玛瑞和沃尔夫（James，Demaree & Wolf，1984）所提供的公式计算了各个基本调查单位的 r_{wg}，结果发现 r_{wg} 在 $0.88 \sim 0.94$ 之间，全部超过了 0.70 的临界标准，因此可以将个体水平数据转换成为组织群体水平的数据进行分析。

7.6

本 章 小 结

本章对基于组织共享心智模型的组织知识创新管理实证研究的相关设计方案进行了介绍，重点对实证调查问卷中有关潜变量（latent variable）因子（也称隐含变量或构造变量（construct variable））的度量方法与度量条款进行了分析与探讨，指明了对这些潜变量因子进行度量的基本原理与文献基础，但尽管如此，由于大多数潜变量因子的度量方法与度量条款皆来自于国外的实证研究与案例检验，而来自国内的这方面的实证案例还比较少，因此，对于一些直接借鉴过来的尚没有本土化的潜变量因子的度量方法与度量条款是否适应国内组织知识创新管理的实际情况，其合理有效性还将有待于接受本研究后面所要进行的更进一步的信度与效度检验，但本研究所提出的这些潜变量因子的度量方法与度量条款无疑对以后相关方面的实证研究具有一定的参考价值。

第 *8* 章

数据分析与模型检验

　　本章首先对数据分析的基本统计原理以及判断模型拟合优度的统计指标进行了简介，然后对观测变量（指标）进行了基本的统计描述，并对潜变量（因子）衡量进行了探索性因子分析、信度与效度检验，最后对模型的检验结果进行了相应的评价，并给出了原假设模型的修正路径说明。

8.1

数据分析的基本统计原理简介

　　本书采用结构方程模型来检验前文所提出的 14 项假设。结构方程模型（structure equation model，SEM）又称为协方差结构模型（covariance structure modeling，CSM），是基于变量的协方差矩阵来分析变量之间关系的一种统计方法，它是多变量分析（multivariate analysis）的一项重要内容，它通过潜变量（latent variable）概念使得对多变量之间复杂的相互关系研究实现了一个重要的方法性突破，被认为是解决社会科学领域中复杂的多元关系的一个强有力的工具，并成为新一代十分重要的数据分析技术。

结构方程模型的思想起源于 20 世纪 20 年代怀特提出的因果分析概念，20 世纪 70 年代，瑞典统计学家瑞斯科克首次提出结构方程模型。后来，有人又称其为联立方程模型，因果模型等。"它是对传统的因子分析与路径分析两种分析方法的内在有机集成与外在框架式整合。传统的因子分析与路径分析均存在理论上的假设限制和应用缺陷，因子分析能反映变量与变量之间的相关关系，但无法进一步分析变量间的因果关系；而路径分析虽然可以分析变量之间的因果关系，但实际情况却又难以符合其变量之间的测量误差为零、残差之间不相关、因果关系为单向等基本假设。结构方程模型在应用一般统计检验方法前提下，整合了路径分析与因子分析两种统计方法，既可以分析变量之间的相互因果关系：包括了因子分析与路径分析的优点，又弥补了因子分析的缺点，考虑了误差因素，不需要受到路径分析的假设条件的限制。"（侯杰泰、温忠麟、成子娟，2002）结构方程模型可同时分析一组具有相互关系的方程式，尤其是具有因果关系的方程式，这种可同时处理多组变量之间的关系的能力，有助于研究者开展探索性分析和验证性分析：当理论基础薄弱、多个变量之间的关系不明确，而无法确认因素之间关系的时候，我们可以利用探索性分析，分析变量之间的关系；当研究有理论支持的时候，我们可以用验证性分析来验证变量的关系是否存在。

因此，结构方程模型是评价理论模型与经验数据一致性的新型模型，一个标准完整的结构方程模型应当由测量模型（measurement equation）和结构模型（structural equation）两部分组成。测量模型用来描述观测变量（指标）与潜变量（因子）之间的关系，它主要是通过验证性因子分析（confirmatory factor analysis，CFA）来识别潜变量（因子）的观测变量（指标）和评价每个潜变量（因子）的可靠性，为评估后面因果关系做必要的准备；而结构模型是指模型中各个潜变量（因子）之间的一系列的关系，可以用来检验待验证的各条路径的统计显著性。

对于观测变量（指标）与潜变量（因子）之间的关系，即测量模型可以写成如下联立方程形式：

$$x = \Lambda_x \xi + \delta \qquad\qquad (8-1)$$

$$y = \Lambda_y \eta + \varepsilon \qquad\qquad (8-2)$$

上式中，x，y 分别是外生观测变量（指标）与内生观测变量（指标），ξ，η 分别是外生潜变量（因子）与内生潜变量（因子），Λ_x，Λ_y 分别是 x 与 ξ 和 y 与 η 的关系，一般用因子负荷矩阵来表示；δ，ε 分别是 x 与 y 测量误差。测量模型的假设条件为：

（1）误差项的均值为零，即 $E(\delta) = 0$，$E(\varepsilon) = 0$；

（2）误差项与潜变量（因子）之间不相关，即 $\mathrm{cov}(\xi,\ \delta) = 0$，$\mathrm{cov}(\eta,\ \varepsilon) = 0$。

对于潜变量（因子）之间的关系，即结构模型可以写成如下的方程形式：

$$\eta = B\eta + \Gamma\xi + \zeta \qquad\qquad (8-3)$$

式（8-3）中，η 为内生潜变量（因子），ξ 为外生潜变量（因子），B 为内生潜变量（因子）之间的关系，Γ 为外生潜变量（因子）对内生潜变量（因子）的关系，ζ 为结构方程残差项，反映 η 在方程中未能解释的部分。

对于结构模型以及结构模型和上述测量模型中相关变量的关系，主要有以下两项假设：

（1）结构方程残差项 ζ 的均值为零，即 $E(\zeta) = 0$；

（2）残差项 ζ 与 ξ 以及测量方程中的 δ 和 ε 不相关，即 $\mathrm{cov}(\xi,\ \zeta) = 0$，$\mathrm{cov}(\zeta,\ \delta) = 0$，$\mathrm{cov}(\zeta,\ \varepsilon) = 0$。

8.2

判 断 模 型 拟 合 优 度 的 统 计 指 标

要检验模型与数据是否拟合，需要评价模型的拟合优度，我们一般用一个综合数字即拟合指数来表示。大多数拟合指数都是基于拟合函数计算出来的，而评价结构方程模型的拟合函数极其繁多，相关文献上先后出现了 70 余种，由此计算出的被人们所接受的拟合指数也高达 40 余种，但到目前为止，习惯于用来评价结构方程模型检验结果的拟合指数只限于发展得较早较成熟的几种，根据侯杰泰（2002）、王晓玉（2004）等人的归纳，主要有以下 7 种：

（1）χ^2 指数（卡方指数）。由于大部分拟合指数都以 χ^2 指数为基础（即 χ^2 的函数），只是加上各式各样的修正，因此，χ^2 指数是用来反映模型整体拟合优度的一个重要的指数，也是一个传统上用来衡量实际的协方差矩阵与预测的协方差矩阵之间拟合的紧密度的一个指标。较小的值，一般高于 0.05 的显著水平，可以表示实际的协方差矩阵和预测的协方差矩阵之间没有显著差异，因此，在假设的模型和实际用来验证模型的数据之间有较好的拟合优度。然而，根据海尔（Hair et al.，1992）的观点，χ^2 指数经常会对样本量过于敏感，并且随着样本规模的增加，χ^2 指数有更大趋势解释等价模型的显著性差异；因此，为了避免 χ^2 值受到样本量大小的影响，在对模型的拟合优度进行评价时，一般用 $\dfrac{\chi^2}{\mathrm{d}f}$，即卡方指数除以自由度 $\mathrm{d}f$（degree of freedom）来评价模型的拟合程度，根据卡迈恩和米卡维尔（Carmines & Micver，1981）的观点，卡方值和自由度之比应小于或等于 3，而惠顿（Wheaton，1997）等人认为这一指标可以在小余 5 的范围内被接受。

（2）渐进误差均方根。渐进误差均方根（root mean square error of approximation，*RMSEA*），这个指标早在 1980 年就由斯特格尔（Steiger）和林德（Lind）提出，但直到最近，学者们才认识到这个指标是用来反映协方差结构模型信息的最重要的指标之一，*RMSEA* 值越小，表示模型的拟合优度越高。一般认为 *RMSEA* 值小余 0.05 表示模型具有很好的拟合度，而在 0.05 ~ 0.08 之间表示模型有合理的拟合度，在 0.08 ~ 0.10 之间，表示模型只有普通的拟合度，当 *RMSEA* 值大于 0.10 时，表示模型拟合度很差。

（3）优良拟合指数和调整的优良拟合指数。优良拟合指数（goodness of

fit index，*GFI*）也是反映结构模型检验效果的整体拟合指数，它是对假设的模型能够解释的方差和协方差的比例的一个测度，如果参考参数的数量对这个指数进行计算，就会产生调整的优良拟合指数。调整的优良拟合指数（adjusted goodness of fit index，*AGFI*）的基本用途是用来诊断模型拟合是否通过过多的协调关系数的过度拟合数据导致的。通过下面的计算公式可以反映出优良拟合指数和调整的拟合指数之间的关系：

$$AGFI = 1 - \frac{(p+q)\,\dfrac{(p+q+1)}{2}}{\mathrm{d}f}\,(1 - GFI) \qquad (8-4)$$

式（8-4）中，$(p+q)$ 是观测变量（指标）的数目；$\dfrac{(p+q)(p+q+1)}{2}$ 代表观测变量的方差和协方差的全部数目（称为数据点）；$\mathrm{d}f$（degree of freedom）是自由度。参数相对于数据点越小和自由度越大，调整的拟合指数就越接近与优良拟合指数。

优良拟合指数和调整的拟合指数的值域都在 0 和 1 之间，从 0 到 1 表示拟合度越来越好，研究者们习惯上认为，优良拟合指数大于 0.9，就可以表示假设的模型可以接受，而对于调整的优良拟合指数，一般也可以认为应该超过 0.9，但塞法丝和卡罗维尔（Sefars & Crover，1993）提出，优良拟合指数和调整的拟合指数的容忍范围可以降低到 0.8 以上的范围。

（4）均值平方残差的平方根。均值平方残差的平方根（root mean-square residual，*RMR*）也是用来反映模型检验结果的整体拟合指标，均值平方残差的平方根的含义是观察的输入矩阵和估计矩阵之间残差的平均数的平方根，用式（8-5）表示：

$$RMR = \left\{ 2 \sum_{i=1}^{p+q} \sum_{j=1}^{i} \frac{(S_{ij} - \hat{O}_{ij})^2}{[(p+q)(p+q+1)]} \right\}^{\frac{1}{2}} \qquad (8-5)$$

均值平方残差的平方根的值域在 0 到 1 之间，其值越小，表示模型的拟合度越好。一般认为这一数值小于 0.05，表示模型具有比较好的拟合度，舟（Chau，1997）建议这一指标的接受值不应该超过 0.10。

（5）规范拟合指数。规范拟合指数（normal fit index，*NFI*）是本特勒和博纳特（Bentler & Bonett，1980）提出的，也是一个被经常采用的拟合指标，其计算公式为：

$$NFI = \frac{\chi^2_{indep} - \chi^2_{model}}{\chi^2_{indep}} \qquad (8-6)$$

式（8-6）中，χ^2_{indep} 是建立模型的卡方值估计；χ^2_{model} 是假设模型的卡方值估计。因此，规范拟合指数是用来测定独立模型和假设模型之间卡方值的缩小比例，但规范拟合指数这一指标有其局限性，一方面，在于它不能控制自由度，因此，可以通过增加参数来减少卡方值；另一方面，在于规范拟合指数的抽样分布平均值与样本规模正相关，因此，在小样本时，这一指数可能会低估模型的拟合度。规范拟合指数的分布范围应该在 0 到 1 之间，从 0 到 1 表示拟合度越来越好（1 表示完美拟合），一般认为，这一指标应该大于或等于 0.9。

（6）增量的拟合指数。增量的拟合指数（improve fit index，*IFI*）是博伦（Bollen，1989）用来克服规范拟合指数的局限性的一个指标，这一指标能够减少 NFI 指标的平均值对样本规模的依赖，并考虑了设定模型的自由度的影响，其计算公式是：

$$IFI = \frac{\chi^2_{indep} - \chi^2_{model}}{\chi^2_{indep} - \mathrm{d}f_{model}} \qquad (8-7)$$

式（8-7）中，χ^2_{indep} 是独立模型的卡方值估计；χ^2_{model} 是假设模型的卡方值估计；$\mathrm{d}f_{model}$ 是设立模型的自由度。*IFI* 的值域是从 0 到 1，值越大，表示模型的拟合度越好，一般接受的标准是大于等于 0.9。

（7）比较拟合指数。比较拟合指数（compare fit index，*CFI*）是本特尔（Bentler，1990）提出的，是通过与独立模型相比较来评价拟合程度的统计指标，其计算公式如下：

$$CFI = 1 - \frac{\tau_{model}}{\tau_{indep}} \qquad (8-8)$$

式（8-8）中，$\tau_{indep} = \chi^2_{indep} - \mathrm{d}f_{indep}$，而 $\tau_{model} = \chi^2_{model} - \mathrm{d}f_{model}$。比较拟合指数的值域也是 0 和 1 之间，一般认为 0.9 及其以上的值域表示模型的拟合

度较好。

上面介绍的各项指数都是衡量结构方程模型拟合优度的重要标准。由于没有哪一项指标能够全面地反映出模型的拟合优度，因此，国际上比较常用的方法就是用拟合指数"大拇指法则（a rule of thumb）"来对模型的拟合优度进行判断。构成大拇指法则的指标即是上面所介绍的这几种常用指标：$\frac{\chi^2}{df}$、RMSEA、GFI、AGFI、RMR、IFI、CFI。本书也将根据国际惯例，采用这些指标来对模型的拟合优度进行判断。

8.3

样 本 数 据 的 描 述 性 统 计 分 析

对样本数据进行描述性统计分析（Descriptive Statistics），主要是检查各个观测变量（指标）的差异值和分布特征。本书共有潜变量或称为因子11个，分别是：组织学习，交叉培训，经验交流，组织文化，激励机制，组织构成，组织内在隐性知识共享水平，组织内在价值意义共享水平，组织知识创新能力，组织知识创新战略内在集成能力，组织知识创新成果内部传播效率。每一个潜变量（因子）都用一些调查语句来度量，这些度量语句就是观测变量，或称为指标，这些观测变量即指标一般由反映研究对象特定维度的概念和数值两部分组成。观测变量（指标）所反映的研究对象的特定维度的概念我们前面第7章在介绍调查问卷设计中作了专门的介绍，下面我们对观测变量即指标所表征的这些研究对象特定维度的数值进行一个基本的描述性统计分析。

本书共有58个观测变量（指标），最小值，最大值，平均数与标准差如表8-1所示。从这些观测变量（指标）的差异值与分布特征可以反映被调研者对这些观测变量（指标）的一般态度趋向情况。

表8-1　　　　　　　　　观测变量的描述性统计

	样本数	最小值	最大值	均值	标准差
组隐1	388	1.00	5.00	3.1340	0.76121
组隐2	388	1.00	5.00	3.0258	0.65927
组隐3	388	2.00	5.00	4.1546	0.78210
组隐4	388	1.00	5.00	3.1753	0.72919
组隐5	388	1.00	5.00	3.1005	0.63074
组隐6	388	1.00	5.00	3.0593	0.66131
组隐7	388	1.00	5.00	4.0077	0.63552
组学1	388	1.00	5.00	3.0309	0.67991
组学2	388	1.00	5.00	3.8789	0.72444
组学3	388	1.00	5.00	3.7371	0.66715
组学4	388	1.00	5.00	3.9304	0.74434
交培1	388	1.00	5.00	3.7165	0.78479
交培2	388	1.00	5.00	3.5773	0.76438
交培3	388	1.00	5.00	3.7423	0.66165
交培4	388	1.00	5.00	3.8918	0.73376
交培5	388	1.00	5.00	3.7371	0.73345
经交1	388	2.00	5.00	4.2964	0.89913
经交2	388	1.00	5.00	3.8892	0.69382
经交3	388	1.00	5.00	3.7113	0.74135
经交4	388	1.00	5.00	3.8402	0.76639
经交5	388	1.00	5.00	3.9124	0.69935
组价1	388	1.00	5.00	2.3479	0.74714
组价2	388	1.00	5.00	3.1211	0.72480
组价3	388	1.00	5.00	3.0954	0.73921
组价4	388	1.00	5.00	3.1108	0.75437
组价5	388	1.00	5.00	3.1985	0.73615
组价6	388	1.00	5.00	3.1830	0.81334
组价7	388	1.00	5.00	3.9845	0.68908
组价8	388	1.00	5.00	4.3015	0.63839

	样本数	最小值	最大值	均值	标准差
组文 1	388	1.00	5.00	4.0052	0.70361
组文 2	388	1.00	5.00	3.9407	0.80881
组文 3	388	1.00	5.00	4.0876	0.75572
组文 4	388	1.00	5.00	3.8428	0.71301
组激 1	388	1.00	5.00	3.9356	0.77433
组激 2	388	1.00	5.00	3.9175	0.65825
组激 3	388	1.00	5.00	3.9716	0.76070
组激 4	388	1.00	5.00	3.8660	0.74304
组构 1	388	1.00	5.00	2.7835	0.73244
组构 2	388	1.00	5.00	2.8402	0.63691
组构 3	388	1.00	5.00	3.7629	0.70693
组构 4	388	1.00	5.00	2.8840	0.68014
组构 5	388	1.00	5.00	2.7912	0.74682
组构 6	388	1.00	5.00	3.0103	0.73521
组构 7	388	1.00	5.00	3.8557	0.69959
创能 1	388	1.00	5.00	3.8660	0.66024
创能 2	388	1.00	5.00	3.7603	0.70052
创能 3	388	1.00	5.00	3.8067	0.70496
创能 4	388	1.00	5.00	3.7655	0.81793
创能 5	388	1.00	5.00	3.6082	0.69445
战集 1	388	1.00	5.00	3.9485	0.69352
战集 2	388	1.00	5.00	3.0851	0.74396
战集 3	388	1.00	5.00	3.9046	0.73382
战集 4	388	1.00	5.00	4.0180	0.66397
成传 1	388	1.00	5.00	3.9665	0.63256
成传 2	388	1.00	5.00	3.0284	0.64860
成传 3	388	1.00	5.00	3.1314	0.68673
成传 4	388	1.00	5.00	3.8351	0.73110
成传 5	388	1.00	5.00	3.9948	0.70646
有效样本数（列表）	388	—	—	—	—

8.4

潜变量因子衡量的探索性因子分析

本书所构建的实证模型中各个构成因子如组织隐性知识共享水平、组织内在价值意义共享水平等都是潜变量，无法直接观测与测量，因此，我们为每一个潜变量（因子）选择了观测变量（指标），这些观测变量（指标）的衡量原理虽然有着充分的理论依据和大量的国内外参考文献的支持，但在对这些指标的具体选择过程中无疑也可能会受到笔者自身某些个人偏好的影响，因此，为了确定这些观测变量指标是否能够真正客观全面有效地衡量各项潜变量因子，我们还必须要通过一系列统计检验，才能判别出最终的衡量效果。下面我们首先对观测变量指标衡量潜变量因子的总体情况进行预分析即探索性因子分析，然后在下面第六部分中再对观测变量指标衡量潜变量因子的可靠性，即信度与有效性也就是效度分别再进行一个具体深入的分析。

探索性因子分析（Exploratory Factor Analysis，EFA）是因子分析的一种特殊方法，也是对观测变量指标衡量潜变量因子的基本情况进行预分析的一种非常重要的统计分析方法，尤其是当观测变量指标与潜变量因子之间的关系不明确，而又缺乏足够的理论依据的情况下，使用探索性因子分析方法做预分析就更加具有必要性。本书中观测变量（指标）与潜变量因子的关系虽然如前面所述有着非常充分的理论依据和国内外大量相关文献的支持，但为了克服笔者在进行观测变量指标具体选择过程中所可能出现的传统统计学路径分析的一些个人偏见，仍有必要先对观测变量指标衡量潜变量因子的基本建构情况进行探索性预分析。另外，通过探索性预分析还可以进一步分析出潜变量（因子）的内在结构情况，对一些不属于潜变量因子内在结构范围内的且负载系数又较低的观测变量指标，我们借此把它们删除掉，以简化对潜变量因子的衡量，从而提高整个模型分析过程的效率。因此，为简化和便于接下来对观测变量指标衡量潜变量因子所进行的信度和效度分析，我们在此通过探索性分析对观测变量衡量潜变量因子的基本情况进行预分析。

探索性因子分析作为判别观测变量指标与潜变量因子之间内在关系以及检测潜变量因子内在结构的一种特殊的因子分析方法，具体的分析方法有很多，因子分析法中很多方法皆可运用，如聚类分析方法、主成分分析法、对应分析法、联合分析法等。本研究的探索性因子分析是通过主成分分析法①和因子分析法中因子载荷求解的方差最大化正交旋转法来实现的，具体分析工具是 SPSS（Statistics Package for Social Science）统计软件包（SPSS 11.5 for Windows）。

我们把 58 个观测变量指标在 SPSS 中按主成分分析法和方差最大化正交旋转法进行因子分析，抽取主成分时限定特征根大于 1 者，共提取主成分因子 11 个，共解释方差比例为 77.06%（解释方差比例是提取因子解释的累积方差，通常建议提取的因子至少能解释 60% 的方差）。KMO（Kaisex—Meyer—Olkin）测度结果为 0.972，如表 8 - 2 所示，表明样本适合性检验结果显著（KMO 指标是对样本充分性的检验即检验当前潜变量因子分析的样本量是否足够大：一般而言，KMO 指数大于等于 0.90，被认为是极佳的；大于等于 0.80 而小于 0.90，被认为是良好的；大于等于 0.70 而少于 0.80，被认为是中度的；大于 0.60 而少于 0.70，被认为是平庸的；大于 0.50 而少于 0.60，被认为是可悲的；而低于 0.50，则被认为是不可接受的）。

表 8 - 2   **KMO 和 Bartlett's 球形检验**

KMO 取样程序适当标定值		0.972
巴氏球形检验	卡方检验值	8 819.229
	自由度	1 653
	差异性显著的检验值	0.000

---

① 主成分分析是一种有效的降维方法，在损失很少信息的前提下把多个具有错综复杂关系的观测变量指标转化归结为几个综合性的潜变量因子来进行观测研究，从而能很好地满足我们的分析要求。

下面我们进一步考察潜变量因子负载系数情况：根据海尔（Hair，1992）等人的观点，作为一般规则，当样本量大于 50 时，潜变量因子负载系数大于 0.3 的可以被认为是显著的，当负载系数大于 0.4 时，表示该衡量的观测变量指标可以被认为是重要的，而负载系数超过 0.5 的该衡量的观测变量指标应当被认为是非常重要的。在本次探索性因子分析中，为保证统计结果的严谨性，笔者以潜变量因子负载系数大于 0.4 作为保留该衡量的观测变量指标的标准。为此，我们根据旋转后的潜变量因子矩阵，来看 58 个观测变量指标在 11 个潜变量上的负载情况：第 1 个潜变量因子中，负载系数大于 0.4 的条款都是用来衡量组织学习的 4 个观测变量指标；第 2 个潜变量因子中负载系数大于 0.4 的条款是用来衡量组织激励机制的 4 个观测变量指标；第 3 个潜变量因子中，负载系数大于 0.4 的条款都是用来衡量组织隐性知识共享水平的 7 个观测变量指标；第 4 个潜变量因子中，负载系数大于 0.4 的条款都是用来衡量组织价值意义共享水平的 8 个观测变量指标；第 5 个潜变量因子中，负载系数大于 0.4 的条款都是用来衡量组织文化的 4 个观测变量指标；第 6 个潜变量因子中，负载系数大于 0.4 的条款都是用来衡量经验交流的 5 个观测变量指标；第 7 个潜变量因子中，负载系数大于 0.4 的条款都是用来衡量组织构成的 7 个观测变量指标；第 8 个潜变量因子中，负载系数大于 0.4 的条款都是用来衡量组织知识创新能力的 5 个观测变量指标；第 9 个潜变量因子中，负载系数大于 0.4 的条款都是用来衡量组织知识创新成果内部传播效率的 5 个观测变量指标；第 10 个潜变量因子中，负载系数大于 0.4 的条款都是用来衡量交叉培训的 5 个观测变量指标；第 11 个潜变量因子中，负载系数大于 0.4 的条款都是用来衡量组织知识创新战略内在集成能力的 4 个观测变量指标。

因此，我们可以发现，58 个观测变量指标分别负载在 11 个潜变量因子上，而且衡量同一个潜变量因子的观测变量指标都负载在同一个潜变量因子上，均没有发现明显的交叉负载的现象存在，这样，探索性因子分析的结果显示，本研究所选择的观测变量指标对潜变量因子的衡量效果较好。探索性因子分析后，潜变量因子负载表如表 8 - 3 所示。

表 8－3　　旋转后的因子提取结果

潜变量因子\项目	1	2	3	4	5	6	7	8	9	10	11
组隐 1	0.336	0.169	0.781	0.047	0.031	0.056	0.093	0.191	0.081	0.094	0.194
组隐 2	0.324	0.182	0.835	0.126	0.083	0.006	0.112	0.042	0.161	0.227	-0.127
组隐 3	0.037	0.217	0.685	0.198	0.204	0.083	0.056	0.125	0.129	0.162	-0.480
组隐 4	0.099	0.306	0.701	0.103	0.097	0.174	-0.020	0.070	0.041	-0.208	0.094
组隐 5	0.288	0.082	0.621	0.025	0.076	0.077	0.134	0.093	0.016	0.324	0.006
组隐 6	0.278	0.126	0.713	0.103	0.207	0.146	-0.145	0.117	0.281	0.301	0.063
组隐 7	0.122	0.400	0.772	0.299	0.049	0.064	0.064	0.046	0.020	0.100	0.027
组学 1	0.830	0.020	0.154	-0.063	0.290	-0.103	0.117	0.018	0.354	-0.022	0.154
组学 2	0.891	0.150	0.124	-0.059	0.273	0.011	0.038	-0.082	0.076	0.002	0.103
组学 3	0.873	0.220	0.194	0.077	0.127	-0.001	0.039	0.022	-0.054	0.030	0.017
组学 4	0.829	0.204	0.255	0.169	0.239	-0.034	-0.069	0.146	0.061	0.125	0.133
交培 1	0.189	0.194	0.303	0.036	-0.071	0.184	0.001	-0.047	-0.012	0.900	0.043
交培 2	0.181	0.277	0.264	0.131	-0.067	0.114	0.101	0.053	-0.034	0.904	0.012
交培 3	0.208	0.124	0.165	0.203	-0.028	0.052	-0.017	0.122	0.053	0.900	-0.012
交培 4	0.168	-0.042	0.035	0.224	-0.058	0.098	-0.160	0.122	0.056	0.823	0.110

续表

潜变量因子　项目	1	2	3	4	5	6	7	8	9	10	11
交培5	0.223	0.234	0.337	0.155	-0.075	0.065	0.100	0.048	0.019	0.880	0.104
经交1	0.267	0.073	0.095	0.074	0.089	0.569	-0.013	0.029	-0.007	-0.007	-0.042
经交2	0.359	0.349	0.275	0.177	0.245	0.859	0.143	-0.020	-0.078	-0.107	-0.003
经交3	0.203	0.320	0.219	0.175	0.045	0.878	0.212	-0.019	0.055	-0.050	-0.022
经交4	0.207	0.149	0.056	0.118	0.154	0.801	0.159	0.061	0.080	0.071	0.004
经交5	0.324	0.298	0.338	0.364	0.101	0.736	0.146	0.011	0.122	0.040	0.100
组价1	-0.068	0.127	0.180	0.607	0.095	0.364	0.231	0.247	0.308	0.148	0.204
组价2	0.256	0.356	0.256	0.787	0.336	0.339	0.194	-0.004	0.092	0.248	0.081
组价3	0.343	0.259	0.040	0.657	0.345	0.139	-0.006	-0.026	0.120	0.238	-0.028
组价4	0.298	0.219	0.299	0.731	0.261	0.159	0.123	0.063	0.114	0.104	0.325
组价5	0.029	0.268	0.346	0.725	0.243	0.071	0.118	0.069	0.152	0.166	0.134
组价6	0.037	0.317	0.387	0.775	0.355	0.267	0.309	0.085	-0.039	0.173	0.043
组价7	0.214	0.272	0.254	0.679	0.287	-0.033	0.374	0.135	-0.110	0.058	0.110
组价8	0.195	0.116	0.131	0.467	0.070	0.073	0.009	-0.079	0.201	0.010	-0.020

续表

潜变量因子 / 项目	1	2	3	4	5	6	7	8	9	10	11
组文1	0.297	0.073	0.192	-0.036	0.749	0.141	0.008	0.082	0.240	-0.039	0.147
组文2	0.307	0.249	0.187	0.148	0.867	0.194	0.290	0.162	0.090	0.119	0.044
组文3	0.253	0.282	0.218	0.182	0.787	0.183	0.136	0.162	0.114	-0.047	0.009
组文4	0.320	0.351	0.284	0.234	0.743	0.114	0.314	-0.009	-0.013	-0.012	-0.057
组激1	0.328	0.823	0.304	0.335	0.280	0.037	0.113	0.201	-0.014	-0.048	0.103
组激2	0.212	0.897	0.202	0.295	0.267	0.043	0.223	0.106	0.111	-0.031	0.086
组激3	0.378	0.797	0.131	0.010	0.192	0.118	0.386	-0.008	0.309	0.064	0.107
组激4	0.335	0.845	0.099	0.153	0.127	0.142	0.333	0.013	0.037	0.115	0.022
组构1	0.218	0.365	-0.049	0.016	0.152	0.056	0.870	0.253	0.119	-0.022	-0.031
组构2	0.284	0.244	0.156	0.135	0.063	0.039	0.788	0.086	0.177	-0.174	-0.182
组构3	0.358	0.259	-0.023	0.028	0.121	0.062	0.838	0.265	0.110	0.121	0.046
组构4	0.316	0.268	0.316	0.163	-0.122	0.163	0.700	0.333	0.109	-0.170	-0.006
组构5	0.322	0.292	0.165	0.135	-0.149	0.110	0.816	0.254	0.194	-0.112	0.040
组构6	0.281	0.200	0.323	0.120	0.089	0.060	0.640	0.677	-0.092	0.046	-0.011
组构7	0.354	0.129	0.050	0.123	0.105	0.137	0.745	0.569	-0.042	0.105	0.018

续表

潜变量因子 项目	1	2	3	4	5	6	7	8	9	10	11
创能1	0.259	0.222	0.058	-0.070	0.128	0.115	0.017	0.902	0.092	-0.006	-0.059
创能2	0.249	0.345	0.075	0.009	0.150	0.070	0.056	0.917	0.088	0.055	-0.122
创能3	0.339	0.317	0.023	0.093	0.132	0.034	0.160	0.891	0.096	0.061	-0.129
创能4	0.285	0.354	0.062	-0.031	0.081	0.041	0.106	0.878	0.018	0.051	0.018
创能5	0.214	0.370	0.113	-0.041	-0.022	0.092	0.132	0.887	-0.043	0.027	-0.021
战集1	0.288	0.275	0.235	0.109	0.171	0.185	0.021	0.070	0.029	-0.055	0.842
战集2	0.225	0.334	0.237	0.100	0.221	0.190	-0.118	0.076	0.246	0.184	0.770
战集3	0.317	0.291	0.326	0.084	0.111	0.038	0.143	0.066	0.004	-0.015	0.851
战集4	0.244	0.307	0.209	0.135	0.077	0.018	0.062	0.072	0.032	0.154	0.831
成传1	0.301	0.371	0.273	0.214	0.137	-0.049	0.126	0.065	0.827	-0.035	-0.056
成传2	0.232	0.252	0.285	0.129	-0.122	0.035	0.228	0.081	0.747	0.144	0.187
成传3	0.066	0.362	0.221	0.313	0.051	0.158	-0.004	0.213	0.649	-0.087	-0.129
成传4	0.224	0.322	0.036	0.214	0.066	0.094	-0.086	-0.031	0.804	-0.008	0.020
成传5	0.200	0.375	0.023	0.323	0.056	0.017	0.022	0.096	0.860	0.103	0.058

注：通过最大方差法进行数据旋转，采用主成份法抽取因子，旋转迭代21次后的因子载荷矩阵如表8-3所示。

8.5
潜变量因子衡量的信度分析与效度分析

我们上面对观测变量指标衡量潜变量因子的总体情况的探索性因子分析只是预分析，而一个高质量的潜变量因子的衡量还必须是可靠的，而且有效的，因此，我们还必须对潜变量因子衡量的可靠性和有效性分别作进一步具体的分析。评价潜变量因子衡量的可靠性和有效性我们主要借助信度和效度这两个重要统计指标的分析来进行。

8.5.1 潜变量因子衡量的信度分析

信度分析的含义有两个方面的内容，一方面是指测量的一致性程度，即相同的研究者在不同的时间，用相同的测量方法和程序测量，或用复本在另一情境下测量所得结果的一致性。如果两次甚至多次的测量结果一致，表明测量分数具有稳定性、可靠性、可预见性，简单地说，一致性越高，测量的信度越高；另一方面，则是从测量误差的大小来考察的，美国心理协会认为，信度就是考察测量的误差有多少，误差越小，信度越高。测量误差有两类：一类为系统性误差，可能影响所有测量变量；另一类为非系统误差，又称为随机误差，决定信度高低的误差主要是系统性误差的大小。

评价信度的方法包括重复测试信度法，复本信度法和内部一致性信度法。重复测试信度法是指对被调研对象在尽可能相同的条件下，在两次不同的时间执行相同的量变项目，通过计算相关系数，确定两次测量值之间的相似程度，相关系数越高，则信度越高。但重复测试信度法由于存在对两次测试时间间隔的敏感性，被测试者第二次测试时可能出现的心理准备，第一次测试对被测试者心理遗留的记忆影响，以及重复测试信度系数可能由于每个项目与其自身的相关性而被夸大等一系列原因，而影响了重复测试信度的可靠性。因此，统计学家认为，重复测试信度最好不要单独使用，而是与其他方法结合起来共同表示量表的信度；复本信度是指通过构建两个等价的量表形式，让同样的被调研者在两个不同的时间中对两个量表进行测试，对两种形式的量表所得的分值进行相关分析，以评价量表的信度，构建某个量表的等价量表是一件比较困难的事情，这也阻碍了复本信度法在信度测试中的广泛应用；内在一致性信度法是用来表明测量同一对象的一组测量指标中，每一个测量指标与组内其他测量指标之间相关能力的一种重要的验证性的测度。在单一纬度内，考察这种内在一致性的被普遍使用的衡量指标是 $Cronbach\ \alpha$ 信度系数，它是来自分割量表项目的不同方法的所有可能的分半系数的平均数，这个系数在 0 与 1 之间变化。根据农纳利（Nunnally，1978）的观点，当 $Cronbach\ \alpha$ 大于 0.70 时，表示测量统一对象的一组测量指标之间的内在一致性具有良好的效果。这一标准被学者所普遍认可。

但内在一致性信度也存在一些问题，一是 $Cronbach\ \alpha$ 信度系数是所有信度估计的下限，当 $Cronbach\ \alpha$ 信度系数较高时，真正的信度系数比 $Cronbach$ α 信度系数还高，而当 $Cronbach\ \alpha$ 信度系数较低时，就很难判断真正的信度系数是多少；二是 $Cronbach\ \alpha$ 信度系数容易受到样本特性差异大小，各变量皆相关性，指标数量多少等多种因素的影响；三是 $Cronbach\ \alpha$ 信度系数无法评价单一变量的信度，而且不允许观测指标之间的测量误差相关，观测指标更不可能从属于两个或两个以上的因子。

由于本书的数据基本上是一次性调研所得的数据，所以无法考察重复测试信度，复本信度，故采用内部一致性信度来测试量表的信度，并通过 SPSS 统计软件包来具体实现。测试结果将以 $Cronbach\ \alpha$ 值是否大于 0.70 作为判断潜变量因子衡量的内在一致性是否合格的标准。下面是对本研究的 11 个潜变量因子衡量的内在一致性的分析过程和结果：

（1）组织隐性知识共享水平衡量的信度分析结果。从我们得到的信度分析报表 8-4 中可以看出，信度分析报表共列出了 4 项分析内容，即：个项删除后的总量平均数（Scale Mean if Item Deleted，if SM）；个项删除后的量表方差（Scale Variance if Item Deleted，if SV）；修正的个项与总量相关系数（Corrected Item-Total Correlation，CITC）；多元相关系数的平方（Squared Multiple Correlation，SMC）；该条款删除后的信度系数（Alpha if Item Deleted，if α）。我们对量表项目组进行内在一致性的判断，不仅可以考察原测量条款是否合格，而且还可以根据"修正的个项与总量相关系数（CITC）"来对测量条款进行净化，如果某一个观测变量的修正个项与总量相关系数（CITC）小于 0.50，除非有特别的理由，一般应把这个条款删除掉。删除后，整个量表项目组的 *Cronbach* α 值将得到提升。本表衡量隐性知识共享水平的 7 个条款的信度系数值为 0.8533，大于 0.70 的可接受标准，且各个观测变量的 CITC 值都大于 0.50，因此，对组织隐性知识共享水平这一潜变量因子的衡量具有很高的可靠性。

表 8 - 4　　　组织隐性知识共享水平衡量的信度分析结果

	if SM	if SV	CITC	SMC	if α
组隐 1	24.5232	15.0821	0.6766	0.4757	0.8241
组隐 2	24.6314	14.7036	0.7448	0.5697	0.8142
组隐 3	24.5026	16.1886	0.5640	0.3630	0.8402
组隐 4	24.4820	15.8265	0.5814	0.4192	0.8377
组隐 5	24.5567	16.2991	0.5010	0.3705	0.8484
组隐 6	24.5979	14.9645	0.5998	0.3956	0.8358
组隐 7	24.6495	14.1507	0.6581	0.4818	0.8274

Reliability Coefficients　　　　7 items
Alpha = 0.8533

（2）组织学习衡量的信度分析结果。从表 8 - 5 的分析结果我们可以看出，用 4 个测度条款衡量的组织学习这一潜变量因子的信度系数值为 0.8754，大于 0.70 的可接受标准，且每一可测度条款的 CITC 值均大于 0.5 的标准，因此，用这 4 个条款来衡量的组织学习具有很高的可靠性。

表 8 - 5 　　　　　　　　组织学习衡量的信度分析结果

	if SM	if SV	CITC	SMC	if α
组学 1	11. 5464	8. 2020	0. 6988	0. 5229	0. 8565
组学 2	11. 6985	6. 6401	0. 7927	0. 6565	0. 8159
组学 3	11. 8402	6. 5532	0. 7669	0. 6218	0. 8292
组学 4	11. 6469	7. 8931	0. 6997	0. 5039	0. 8537

Reliability Coefficients 　　　　4 items
Alpha = 0. 8754

（3）交叉培训衡量的信度分析结果。从表 8 - 6 的分析结果我们可以看出，衡量交叉培训的 5 个条款的信度系数值为 0. 9280，远大于 0. 70 的可接受标准，且各个观测变量的 CITC 值都大于 0. 50，因此，对交叉培训这一潜变量因子的衡量具有很高的可靠性。

表 8 - 6 　　　　　　　　交叉培训衡量的信度分析结果

	if SM	if SV	CITC	SMC	if α
交培 1	14. 9485	17. 2325	0. 8383	0. 7220	0. 9064
交培 2	15. 0876	17. 3463	0. 8432	0. 7408	0. 9052
交培 3	14. 9227	18. 1852	0. 8368	0. 7169	0. 9067
交培 4	14. 7732	19. 2559	0. 7321	0. 5891	0. 9259
交培 5	14. 9278	18. 6253	0. 8091	0. 6773	0. 9121

Reliability Coefficients 　　　　5 items
Alpha = 0. 9280

（4）经验交流的信度分析结果。表 8 - 7 显示，虽然经验交流衡量的可靠性系数 Alpha 值为 0.8340，大于 0.70 的可接受标准，但"经交1"这一条款的 CITC 值小于 0.50 的可接受标准，因此，应删除这一条款。根据"if α"项目的提示，删除"经交 1"这一条款后的 Alpha 值将提高到 0.8515。用剩余的 4 个条款衡量的经验交流的可靠性分析结果如表 8 - 8 所示。

表 8 - 7　　　　　　　　　　经验交流衡量的信度分析结果

	if SM	if SV	CITC	SMC	if α
经交 1	15.3531	11.1179	0.4196	0.1859	0.8515
经交 2	15.7603	7.9812	0.7452	0.5797	0.7671
经交 3	15.9381	7.5931	0.7799	0.6434	0.7551
经交 4	15.8093	7.9894	0.6680	0.4900	0.7926
经交 5	15.7371	9.1555	0.5859	0.3576	0.8137

Reliability Coefficients　　　　　　5 items
Alpha = 0.8340

表 8 - 8　　　　　　　　　　经验交流衡量的信度分析结果

	if SM	if SV	CITC	SMC	if α
经交 2	11.4639	6.4251	0.7354	0.5641	0.7925
经交 3	11.6418	5.9876	0.7939	0.6434	0.7651
经交 4	11.5129	6.3848	0.6672	0.4842	0.8232
经交 5	11.4407	7.4564	0.5808	0.3516	0.8544

Reliability Coefficients　　　　　　4 items
Alpha = 0.8515

表 8 - 8 的各项指标中，Alpha 大于 0.7 的可接受标准，剩余的 4 个测度

条款的 CITC 值都大于 0.50 的可接受标准，因此，用剩余的 4 个条款来衡量经验交流这一潜变量因子具有很高的可靠性。

（5）组织价值意义共享水平的信度分析结果。从表 8-9 的分析结果可以看出，尽管 8 个测度条款的信度系数值为 0.8247，大于 0.70 的可接受标准，但"组价 8"的 CITC 值仅为 0.3578，远小于 0.50 的可接受标准。因此，为保证组织价值意义共享水平这一潜变量因子度量的可靠性，我们首先去掉"组价 8"这个条款，我们看到，虽然删除"组价 8"这个条款后，信度系数值上升为 0.8328，但"组价 1"的 CITC 值仍为 0.4902，小于 0.50 的可接受标准，我们再继续去掉"组价 1"这一条款，我们看到，再去掉"组价 1"后，组织价值意义共享水平这一潜变量因子的信度系数值提高到 0.8336，剩余的各个观测变量的 CITC 值都大于 0.50 的可接受标准。为了节省篇幅，我们这里直接将两个条款都删除后的最终结果列于表 8-10 中。

表 8-9　　组织价值意义共享水平衡量的信度分析结果

	if SM	if SV	CITC	SMC	if α
组价 1	28.9948	13.8294	0.4815	0.2894	0.8257
组价 2	29.2216	12.9637	0.6848	0.4836	0.7999
组价 3	29.2474	13.5717	0.5407	0.3406	0.8182
组价 4	29.2320	13.1088	0.6197	0.3971	0.8079
组价 5	29.1443	13.2659	0.6070	0.4196	0.8097
组价 6	29.1598	12.5842	0.6615	0.5077	0.8015
组价 7	29.3582	12.7628	0.5525	0.3803	0.8184
组价 8	29.0412	14.8924	0.3578	0.1796	0.8382

Reliability Coefficients　　　　8 items

Alpha = 0.8247

表 8 – 10   组织价值意义共享水平衡量的信度分析结果

	if SM	if SV	CITC	SMC	if α
组价 2	20. 5722	8. 5400	0. 6699	0. 4619	0. 7949
组价 3	20. 5979	8. 9749	0. 5378	0. 3222	0. 8199
组价 4	20. 5825	8. 6573	0. 6030	0. 3739	0. 8074
组价 5	20. 4948	8. 8139	0. 5828	0. 4011	0. 8114
组价 6	20. 5103	8. 1679	0. 6612	0. 4772	0. 7950
组价 7	20. 7088	8. 0933	0. 5969	0. 3715	0. 8107

Reliability Coefficients   6 items

Alpha = 0. 8336

表 8 – 10 显示了依次删除"组价 8"、"组价 1"两个条款后用剩余的 6 个条款衡量的组织价值意义共享水平这一潜变量因子的内部一致性情况，Alpha 值为 0. 8336，大于 0. 70 的可接受标准，而剩余的 6 个衡量条款的 CITC 值都大于 0. 50，因此，用剩余的 6 个条款衡量的织价值意义共享水平具有很好的可靠性。

（6）组织文化的信度分析结果。从表 8 – 11 的分析结果我们可以看出，衡量组织文化的 4 个条款的信度系数值为 0. 7842，大于 0. 70 的可接受标准，且各个观测变量的 CITC 值都大于 0. 50，因此，对组织文化这一潜变量因子的衡量具有很高的可靠性。

表 8 – 11   组织文化衡量的信度分析结果

	if SM	if SV	CITC	SMC	if α
组文 1	11. 8711	5. 2908	0. 5473	0. 3525	0. 7527
组文 2	11. 9356	4. 7323	0. 7143	0. 5221	0. 6675
组文 3	11. 7887	5. 6503	0. 6015	0. 3798	0. 7351
组文 4	12. 0335	4. 5441	0. 5479	0. 3220	0. 7693

Reliability Coefficients   4 items

Alpha = 0. 7842

（7）组织激励机制的信度分析结果。从表8-12的分析结果我们可以看出，用4个测度条款衡量的组织激励机制这一潜变量因子的信度系数值为0.8609，大于0.70的可接受标准，且每一可测度条款的CITC值均大于0.5的标准，因此，用这4个条款来衡量的组织激励机制具有很高的可靠性。

表8-12　　　　　　　组织激励机制衡量的信度分析结果

	if SM	if SV	CITC	SMC	if α
组激1	11.7552	6.1802	0.6816	0.5721	0.8333
组激2	11.7732	5.8296	0.7960	0.6660	0.7852
组激3	11.7191	6.7813	0.6490	0.4807	0.8463
组激4	11.8247	5.7677	0.7137	0.5237	0.8216

Reliability Coefficients　　　　4 items
Alpha = 0.8609

（8）组织构成的信度分析结果。表8-13显示了本研究对组织构成的度量的内部一致性状况，Alpha值为0.8883，大于0.70的可接受标准，而各个测度条款的CITC值也都大于0.50的可接受标准，因此，Alpha值和各个测度条款的CITC值都表明用8个条款表示的组织构成具有较好的内部一致性。

表8-13　　　　　　　组织构成衡量的信度分析结果

	if SM	if SV	CITC	SMC	if α
组构1	23.1443	21.8654	0.8009	0.7058	0.8562
组构2	23.0876	24.3954	0.6975	0.5388	0.8701
组构3	23.1649	23.2544	0.7620	0.6543	0.8616
组构4	23.0438	25.7268	0.5962	0.4317	0.8818
组构5	23.1366	24.0149	0.7314	0.5734	0.8659

	if SM	if SV	CITC	SMC	if α
组构 6	22. 9175	27. 2232	0. 5386	0. 3624	0. 8877
组构 7	23. 0722	24. 3772	0. 6473	0. 4725	0. 8764

Reliability Coefficients   7 items

Alpha = 0. 8883

　　(9) 组织知识创新能力的信度分析结果。从表 8 – 14 的分析结果我们可以看出，衡量组织知识创新能力的 5 个条款的信度系数值为 0. 9362，远大于 0. 70 的可接受标准，且各个观测变量的 CITC 值都大于 0. 80，也远大于 0. 50 的可接受标准，因此，对组织知识创新能力这一潜变量因子的衡量具有很高的可靠性。

表 8 – 14　　　　　组织知识创新能力衡量的信度分析结果

	if SM	if SV	CITC	SMC	if α
创能 1	14. 9407	17. 2704	0. 8421	0. 7218	0. 9197
创能 2	15. 0464	16. 8195	0. 8624	0. 7655	0. 9155
创能 3	15. 0000	17. 0594	0. 8255	0. 7010	0. 9222
创能 4	15. 0412	17. 0732	0. 8110	0. 6667	0. 9248
创能 5	15. 1985	15. 7047	0. 8222	0. 6853	0. 9253

Reliability Coefficients   5 items

Alpha = 0. 9362

　　(10) 组织知识创新战略内在集成能力。从表 8 – 15 的分析结果我们可以看出，用 4 个测度条款衡量的组织知识创新战略内在集成能力这一潜变量因子的信度系数值为 0. 8418，大于 0. 70 的可接受标准，且每一可测度条款的 CITC 值均大于 0. 5 的标准，因此，用这 4 个条款来衡量的组织知识创新战略集成能力具有较高的可靠性。

表8-15　　　组织知识创新战略内在集成能力衡量的信度分析结果

	if SM	if SV	CITC	SMC	if α
战集 1	12. 0077	4. 5710	0. 7036	0. 4966	0. 7873
战集 2	11. 8711	5. 4045	0. 6070	0. 3688	0. 8292
战集 3	12. 0515	4. 3849	0. 7161	0. 5160	0. 7822
战集 4	11. 9381	4. 7248	0. 6886	0. 4779	0. 7940

Reliability Coefficients　　　　4 items
Alpha = 0. 8418

（11）组织知识创新成果内部传播效率。表8-16显示，虽然组织知识创新成果内部传播效率衡量的可靠性系数 Alpha 值为0.8369，大于0.70的可接受标准，但"成传3"这一条款的 CITC 值只有0.4969，要小于0.50的可接受标准，因此，应删除"成传3"这一条款，根据"if α"项目的提示，删除"成传3"这一条款后的 Alpha 值将提高到0.8408。用剩余的4个条款衡量的组织知识创新成果内部传播效率的可靠性分析结果如表8-17所示。

表8-16　　　组织知识创新成果内部传播效率衡量的信度分析结果

	if SM	if SV	CITC	SMC	if α
成传 1	15. 9897	8. 2738	0. 6992	0. 4986	0. 7868
成传 2	15. 9278	9. 1059	0. 5992	0. 3815	0. 8149
成传 3	15. 8247	9. 4059	0. 4969	0. 2534	0. 8408
成传 4	16. 1211	7. 9672	0. 6639	0. 5277	0. 7982
成传 5	15. 9613	8. 1923	0. 7479	0. 6088	0. 7736

Reliability Coefficients　　　　5 items
Alpha = 0. 8369

表 8 – 17　　组织知识创新成果内部传播效率衡量的信度分析结果

	if SM	if SV	CITC	SMC	if α
成传 1	11. 8582	5. 5225	0. 6876	0. 4805	0. 7924
成传 2	11. 7964	6. 2194	0. 5827	0. 3653	0. 8357
成传 4	11. 9897	5. 1834	0. 6729	0. 5231	0. 8021
成传 5	11. 8299	5. 3612	0. 7678	0. 6074	0. 7577

Reliability Coefficients　　　　　4 items
Alpha = 0. 8408

　　表 8 – 17 的各项指标中，Alpha 大于 0. 7 的可接受标准，剩余的 4 个测度条款的 CITC 值都大于 0. 50 的可接受标准，因此，用剩余的 4 个条款来衡量组织知识创新成果内部传播效率这一潜变量因子具有很高的可靠性。

　　删除掉 4 个前面所检验出的不合格信度条款的实证测评模型如图 8 – 1 所示。

8.5.2　潜变量因子衡量的效度分析

　　前面我们对各潜变量因子衡量的信度进行了分析，下面我们再对各潜变量因子衡量的效度作一个具体的分析。信度与效度作为潜变量因子衡量的可靠性与有效性两个密切相关的方面，两者存在着非常重要的内在关系，那就是信度是效度的非充分性必要条件，即信度低，效度不可能高，但信度高，效度就未必高。前面我们虽然在分析各潜变量因子衡量的信度发现潜变量因子的信度皆普遍较高，但不能保证，这些潜变量因子衡量的效度也必然就比较高。因此，我们在对各潜变量因子衡量的信度进行了分析之后，再对各潜变量因子衡量的效度作进一步分析就显得十分的必要。

　　效度分析是由卡迈恩和泽勒（Carmines & Zeller）在 1979 年提出的，效度是指指标能够衡量出所要衡量的事物的真实程度，是用来揭示一个测试能够测量到该测试所欲测的（研究者所设计的）行为或关系特质的程度。效

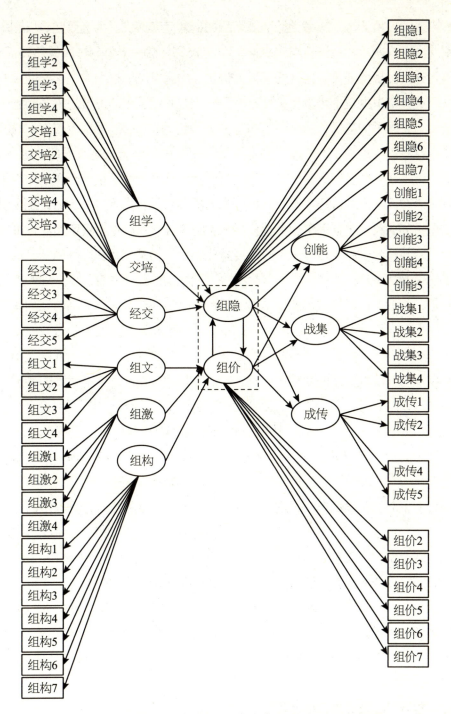

图 8-1　删除掉 4 个不合格信度条款的实证测评模型

度可以通过检测内容效度、标准效度和建构效度来评价。内容效度是指测验量表内容或题项的适当性与代表性，即测验内容反映所要测量的关系特质，能否达到测量所要测验的目的或行为构想。内容效度的检测方式主要是由专业研究人员根据理论对测量指标进行的一个主观而系统的评价。本书问卷中的潜变量因子的衡量，都是在国内外专家学者的实证研究的基础上形成的，其中有些潜变量因子的测量方法是直接引用了国外学者的度量方法，因此，可以说本研究的量表具有比较高的内容效度；标准效度是指一个变量能否像预期一样反映出与被选标准的其他变量之间的关系，由于本书的目标重在对变量之间的关系进行因果相关性分析与实证研究，所以这里就不考察标准效度了；建构效度主要是指用于解决变量体系评价的是哪些特性的问题，这要求研究者对评价内容的本质和各个评价方面之间的关系先有一个合理的理论分析，然后据此评价量表测量由理论分析所产生的变量之间关系的系列假设的能力。建构效度一般包括两个方面：收敛效度和判别效度。收敛效度是指一个变量与同一构想下的所度量的变量之间的关联程度，而判别效度是指一个变量与其他构想下的非度量变量之间的不相关联程度。本书对潜变量因子衡量的效度分析，主要是对收敛效度和区别效度的分析。

（1）收敛效度的分析：利用结构方程模型进行潜变量因子衡量的收敛效度分析主要是通过验证性因子分析（Confirmatory Factor Analysis，CFA）来进行的，验证性因子分析判断收敛效度的标准共有两个方面：一方面是检测模型本身的总体拟合情况是否达标，其判断标准就是结构方程模型的几种常用拟合指数；另一方面是关于观测变量指标在潜变量因子上的载荷情况。判断载荷情况本身也有两个标准：一个是因子负载量要大于标准误差的两倍，即 T 值要大于 2；另一个是观测变量指标在潜变量因子上的载荷系数要大于 0.5。我们通过 LISREL（Linear Structural Relationship）软件包（LISREL 8.70 for Windows），对本研究各潜变量因子衡量的收敛效度进行验证性因子分析，所得出的 54 个观测指标在 11 个潜变量因子上的载荷情况如表 8-18 所示。

相应的拟合效果指标如表 8-19 所示。

表 8 - 18　潜变量因子的收敛效度分析结果

	组隐	组学	交培	经交	组价	组文	组激	组构	创能	战集	成传
组隐 1	0.75 (0.04) 16.72	—	—	—	—	—	—	—	—	—	—
组隐 2	0.78 (0.04) 17.66	—	—	—	—	—	—	—	—	—	—
组隐 3	0.60 (0.05) 12.36	—	—	—	—	—	—	—	—	—	—
组隐 4	0.63 (0.05) 13.25	—	—	—	—	—	—	—	—	—	—
组隐 5	0.59 (0.05) 12.19	—	—	—	—	—	—	—	—	—	—
组隐 6	0.68 (0.05) 14.55	—	—	—	—	—	—	—	—	—	—

续表

	组隐	组学	交培	经交	组价	组文	组激	组构	创能	战集	成传
组隐7	0.73 (0.05) 16.03	—	—	—	—	—	—	—	—	—	—
组学1	—	0.72 (0.04) 16.17	—	—	—	—	—	—	—	—	—
组学2	—	0.84 (0.04) 20.06	—	—	—	—	—	—	—	—	—
组学3	—	0.88 (0.04) 21.45	—	—	—	—	—	—	—	—	—
组学4	—	0.76 (0.04) 17.32	—	—	—	—	—	—	—	—	—
交培1	—	—	0.88 (0.04) 21.73	—	—	—	—	—	—	—	—

续表

	组隐	组学	交培	经交	组价	组文	组激	组构	创能	战集	成传
交培2	—	—	0.90 (0.04) 22.83	—	—	—	—	—	—	—	—
交培3	—	—	0.86 (0.04) 20.95	—	—	—	—	—	—	—	—
交培4	—	—	0.75 (0.04) 17.07	—	—	—	—	—	—	—	—
交培5	—	—	-0.85 (0.04) 20.75	—	—	—	—	—	—	—	—
经交2	—	—	—	0.77 (0.04) 17.99	—	—	—	—	—	—	—
经交3	—	—	—	0.84 (0.04) 20.28	—	—	—	—	—	—	—

续表

	组隐	组学	交培	经交	组价	组文	组激	组构	创能	战集	成传
经交 4	—	—	—	0.82 (0.04) 19.61	—	—	—	—	—	—	—
经交 5	—	—	—	0.64 (0.05) 13.87	—	—	—	—	—	—	—
组价 2	—	—	—	—	0.72 (0.05) 16.01	—	—	—	—	—	—
组价 3	—	—	—	—	0.62 (0.05) 13.02	—	—	—	—	—	—
组价 4	—	—	—	—	0.66 (0.05) 14.29	—	—	—	—	—	—
组价 5	—	—	—	—	0.63 (0.05) 13.44	—	—	—	—	—	—

续表

	组隐	组学	交培	经交	组价	组文	组激	组构	创能	战集	成传
组价 6	—	—	—	—	0.72 (0.05) 15.79	—	—	—	—	—	—
组价 7	—	—	—	—	0.71 (0.05) 15.74	—	—	—	—	—	—
组文 1	—	—	—	—	—	0.68 (0.05) 15.10	—	—	—	—	—
组文 2	—	—	—	—	—	0.75 (0.04) 17.19	—	—	—	—	—
组文 3	—	—	—	—	—	0.63 (0.05) 13.69	—	—	—	—	—
组文 4	—	—	—	—	—	0.73 (0.04) 16.54	—	—	—	—	—

续表

	组隐	组学	交培	经交	组价	组文	组激	组构	创能	战集	成传
组激 1	—	—	—	—	—	—	0.79 (0.04) 18.26	—	—	—	—
组激 2	—	—	—	—	—	—	0.85 (0.04) 20.50	—	—	—	—
组激 3	—	—	—	—	—	—	0.72 (0.04) 15.99	—	—	—	—
组激 4	—	—	—	—	—	—	0.78 (0.04) 17.91	—	—	—	—
组构 1	—	—	—	—	—	—	—	0.88 (0.04) 21.75	—	—	—
组构 2	—	—	—	—	—	—	—	0.78 (0.04) 18.13	—	—	—

续表

	组隐	组学	交培	经交	组价	组文	组激	组构	创能	战集	成传
组构3	—	—	—	—	—	—	—	0.84 (0.04) 20.38	—	—	—
组构4	—	—	—	—	—	—	—	0.62 (0.05) 13.20	—	—	—
组构5	—	—	—	—	—	—	—	0.76 (0.04) 17.29	—	—	—
组构6	—	—	—	—	—	—	—	0.51 (0.05) 10.56	—	—	—
组构7	—	—	—	—	—	—	—	0.66 (0.05) 14.46	—	—	—
创能1	—	—	—	—	—	—	—	—	0.86 (0.04) 20.94	—	—

续表

	组隐	组学	交培	经交	组价	组文	组激	组构	创能	战集	成传
创能2	—	—	—	—	—	—	—	—	0.88 (0.04) 22.09	—	—
创能3	—	—	—	—	—	—	—	—	0.87 (0.04) 21.49	—	—
创能4	—	—	—	—	—	—	—	—	0.86 (0.04) 21.14	—	—
创能5	—	—	—	—	—	—	—	—	0.87 (0.04) 21.36	—	—
战集1	—	—	—	—	—	—	—	—	—	0.78 (0.04) 17.78	—
战集2	—	—	—	—	—	—	—	—	—	0.67 (0.05) 14.47	—

续表

	组隐	组学	交培	经交	组价	组文	组激	组构	创能	战集	成传
战集 3	—	—	—	—	—	—	—	—	—	0.82 (0.04) 19.42	—
战集 4	—	—	—	—	—	—	—	—	—	0.76 (0.04) 17.16	—
成传 1	—	—	—	—	—	—	—	—	—	—	0.78 (0.04) 17.80
成传 2	—	—	—	—	—	—	—	—	—	—	0.66 (0.05) 14.31
成传 4	—	—	—	—	—	—	—	—	—	—	0.79 (0.04) 18.43
成传 5	—	—	—	—	—	—	—	—	—	—	0.81 (0.04) 18.90

注：第一行数字表示因子负载量，第二行数字表示标准误差，第三行数字表示 T 值。

表 8 – 19　　　　　　　　　　　**模型的拟合结果指标**

χ^2	df	χ^2/df	RMSEA	GFI	AGFI	RMR	IFI	CFI
3 661.94	1 322	2.77	0.033	0.84	0.81	0.021	0.97	0.97

从衡量模型总体的拟合达标情况看，卡方（χ^2）与自由度（df）之比 $\left(\dfrac{\chi^2}{df}\right)$ 虽然大于 2，但小于 3，RMSEA 小于 0.05，IFI、CFI 都大于 0.90 的标准，RMR 小于 0.05，GFI 和 AGFI 虽小于 0.90 的理想标准，但已大于等于 0.80，表示衡量模型总体上具有较好的拟合度。另外，从观测变量指标与潜变量因子的负载关系看，54 个观测变量指标分别在 11 个潜变量因子上的负载量都大于 0.50 的标准，而且各个观测变量指标在各自的潜变量因子的负载量所对应的 T 值都大于 2，这说明各个观测变量指标在各自的潜变量因子的负载量足够大而且显著，各个潜变量因子的衡量皆具有较好的收敛效度。

（2）区别效度的分析。结构方程模型分析潜变量因子衡量的区别效度也是通过验证性因子分析方法来进行的，但与收敛效度分析不同的是，区别效度显示的是用来衡量某一个潜变量因子的观测变量指标与其他潜变量因子的不相关性，即一个潜变量因子与其他潜变量因子之间的差异性，或者说，我们通过区别效度的分析可以判断出两个潜变量因子不能够再整合成单一维度即一个潜变量因子。根据结构方程模型的验证性因子分析的相关原理，区别效度的分析可以通过将任意两个潜变量因子的相关系数限定为 1，与对两者的相关系数不做任何限定，所得出的卡方值的对比来进行判断，如果在限定两者的相关系数为 1 的情况下，卡方值较没有在限定两者的相关系数的情况下显著大，并且两者的差异越大，表明两个潜变量因子之间的区别效度越明显；另外，我们也可以从其他拟合指数的对比情况来判断对两个潜变量因子限定相关系数为 1 时与不加以限制时的拟合情况的差异程度，以进一步的全面的判别分析。

下面我们把本书所涉及的 11 个潜变量因子通过在 LISREL 8.70 上进行验证性因子分析，以检测这些潜变量因子两两之间的区别效度。具体结果如表 8 – 20 所示。

表 8-20　潜变量因子的区别效度分析结果

SE	COV	χ^2	df	χ^2/df	RMSEA	GFI	AGFI	RMR	IFI	CFI
组隐 & 组学	自由估计	39.44	36	1.10	0.029	0.97	0.96	0.022	0.99	0.99
	固定为1	885.96	37	23.94	0.106	0.59	0.44	0.093	0.77	0.77
组隐 & 交培	自由估计	32.56	36	0.90	0.011	0.98	0.96	0.010	0.99	0.99
	固定为1	632.38	37	17.09	0.299	0.67	0.44	0.081	0.86	0.86
组隐 & 经交	自由估计	17.99	19	0.95	0.000	0.99	0.97	0.010	1.00	1.00
	固定为1	511.23	20	25.56	0.350	0.66	0.37	0.112	0.74	0.74
组隐 & 组价	自由估计	58.23	55	1.06	0.006	0.97	0.95	0.014	0.99	0.99
	固定为1	846.32	56	15.11	0.312	0.64	0.49	0.81	0.81	0.24
组隐 & 组文	自由估计	71.36	35	2.03	0.032	0.95	0.92	0.026	0.99	0.99
	固定为1	870.91	36	24.19	0.340	0.59	0.34	0.190	0.70	0.70
组隐 & 组激	自由估计	27.03	26	1.03	0.005	0.98	0.96	0.015	1.00	1.00
	固定为1	829.13	27	30.71	0.400	0.52	0.19	0.130	0.63	0.63
组隐 & 组构	自由估计	25.88	19	1.36	0.033	0.98	0.96	0.019	1.00	1.00
	固定为1	674.86	20	33.74	0.390	0.55	0.31	0.122	0.63	0.63

续表

SE	COV	χ^2	df	χ^2/df	RMSEA	GFI	AGFI	RMR	IFI	CFI
组隐 & 创能	自由估计	21.74	19	1.14	0.016	0.98	0.96	0.016	1.00	1.00
	固定为1	912.07	20	45.60	0.430	0.57	0.32	0.130	0.59	0.59
组隐 & 战集	自由估计	118.32	74	1.60	0.045	0.95	0.93	0.017	0.99	0.99
	固定为1	904.77	75	12.06	0.320	0.52	0.32	0.112	0.64	0.64
组隐 & 成传	自由估计	85.63	62	1.38	0.034	0.96	0.94	0.016	0.99	0.99
	固定为1	888.43	63	14.10	0.270	0.62	0.45	0.079	0.72	0.72
组学 & 交培	自由估计	74.32	52	1.43	0.032	0.96	0.94	0.019	1.00	1.00
	固定为1	682.46	53	12.88	0.240	0.65	0.52	0.078	0.85	0.85
组学 & 经交	自由估计	65.34	52	1.26	0.034	0.96	0.94	0.015	1.00	1.00
	固定为1	903.12	53	17.04	0.270	0.62	0.43	0.085	0.82	0.82
组学 & 组价	自由估计	59.74	41	1.46	0.035	0.96	0.94	0.010	1.00	1.00
	固定为1	612.63	42	14.59	0.290	0.62	0.40	0.067	0.86	0.85
组学 & 组文	自由估计	23.77	26	0.91	0.000	0.98	0.97	0.011	1.00	1.00
	固定为1	995.05	27	36.85	0.440	0.45	0.21	0.150	0.56	0.55

续表

SE	COV	χ^2	df	χ^2/df	RMSEA	GFI	AGFI	RMR	IFI	CFI
组学 & 组激	自由估计	25.16	19	1.32	0.035	0.98	0.96	0.015	1.00	1.00
	固定为 1	545.62	20	27.28	0.360	0.60	0.29	0.130	0.60	0.60
组学 & 组构	自由估计	12.03	19	0.63	0.000	0.99	0.98	0.013	1.00	1.00
	固定为 1	435.89	20	21.79	0.310	0.67	0.39	0.120	0.72	0.72
组学 & 创能	自由估计	56.32	51	1.10	0.011	0.97	0.95	0.015	1.00	1.00
	固定为 1	463.26	52	8.91	0.190	0.72	0.61	0.092	0.90	0.90
组学 & 战集	自由估计	29.24	32	0.91	0.000	0.98	0.97	0.009	1.00	1.00
	固定为 1	431.29	33	13.07	0.230	0.71	0.56	0.095	0.85	0.85
组学 & 成传	自由估计	23.16	26	0.89	0.000	0.98	0.97	0.009	1.00	1.00
	固定为 1	392.13	27	14.52	0.260	0.71	0.51	0.092	0.83	0.83
交培 & 经交	自由估计	25.13	19	1.32	0.035	0.98	0.96	0.019	1.00	1.00
	固定为 1	412.23	20	20.61	0.310	0.67	0.41	0.110	0.75	0.75
交培 & 组价	自由估计	25.19	19	1.33	0.030	0.98	0.96	0.018	1.00	1.00
	固定为 1	409.52	20	20.48	0.300	0.69	0.43	0.100	0.77	0.77

续表

SE	COV	χ^2	df	χ^2/df	RMSEA	GFI	AGFI	RMR	IFI	CFI
交培 & 组文	自由估计	22.52	19	1.19	0.021	0.98	0.96	0.015	1.00	1.00
	固定为1	582.93	20	29.65	0.360	0.60	0.28	0.130	0.64	0.64
交培 & 组激	自由估计	69.32	51	1.36	0.032	0.96	0.94	0.017	1.00	1.00
	固定为1	563.12	52	10.83	0.230	0.70	0.52	0.080	0.90	0.90
交培 & 组构	自由估计	44.12	34	1.30	0.034	0.97	0.95	0.015	1.00	1.00
	固定为1	527.32	35	15.07	0.260	0.66	0.47	0.088	0.83	0.83
交培 & 创能	自由估计	22.82	26	0.88	0.000	0.98	0.97	0.010	1.00	1.00
	固定为1	486.12	27	18.00	0.300	0.65	0.40	0.090	0.79	0.79
交培 & 战集	自由估计	15.22	19	0.80	0.000	0.99	0.97	0.010	1.00	1.00
	固定为1	535.02	20	26.75	0.350	0.62	0.30	0.120	0.69	0.67
交培 & 成传	自由估计	33.12	26	1.27	0.035	0.97	0.95	0.020	1.00	1.00
	固定为1	765.12	27	28.33	0.390	0.54	0.23	0.170	0.62	0.62
经交 & 组价	自由估计	82.63	64	1.29	0.030	0.96	0.94	0.018	0.99	0.99
	固定为1	809.22	65	12.45	0.260	0.62	0.45	0.110	0.70	0.70

续表

SE	COV	χ^2	df	χ^2/df	RMSEA	GFI	AGFI	RMR	IFI	GFI
经交 & 组文	自由估计	52.11	43	1.21	0.027	0.97	0.95	0.015	1.00	1.00
	固定为1	784.52	44	17.83	0.300	0.59	0.37	0.130	0.75	0.75
经交 & 组激	自由估计	37.22	34	1.09	0.015	0.97	0.96	0.010	1.00	1.00
	固定为1	856.62	35	24.47	0.350	0.55	0.25	0.130	0.64	0.64
经交 & 组构	自由估计	31.21	26	0.51	0.020	0.98	0.96	0.018	1.00	1.00
	固定为1	682.23	27	25.27	0.350	0.60	0.33	0.110	0.64	0.64
经交 & 创能	自由估计	33.17	26	1.28	0.030	0.97	0.96	0.015	1.00	1.00
	固定为1	917.32	27	33.97	0.350	0.55	0.25	0.130	0.55	0.55
经交 & 战集	自由估计	25.12	26	0.97	0.000	0.98	0.97	0.010	1.00	1.00
	固定为1	455.56	27	16.87	0.280	0.69	0.45	0.110	0.79	0.79
经交 & 成传	自由估计	21.12	26	0.81	0.000	0.98	0.97	0.010	1.00	1.00
	固定为1	576.12	27	21.33	0.300	0.63	0.40	0.110	0.75	0.75
组价 & 组文	自由估计	29.12	26	1.12	0.010	0.98	0.96	0.015	1.00	1.00
	固定为1	977.16	27	36.19	0.450	0.46	0.11	0.140	0.56	0.56

续表

SE	COV	χ^2	df	χ^2/df	RMSEA	GFI	AGFI	RMR	IFI	CFI
组价 & 组激	自由估计	23.12	64	0.36	0.030	0.95	0.94	0.020	0.99	0.99
	固定为1	950.67	65	14.62	0.300	0.55	0.35	0.110	0.64	0.64
组价 & 组构	自由估计	45.12	43	1.05	0.003	0.97	0.96	0.010	1.00	1.00
	固定为1	957.89	44	21.77	0.350	0.50	0.27	0.110	0.70	0.70
组价 & 创能	自由估计	46.12	34	1.36	0.030	0.97	0.95	0.010	1.00	1.00
	固定为1	822.53	35	23.50	0.350	0.55	0.28	0.110	0.70	0.70
组价 & 战集	自由估计	26.12	26	1.00	0.010	0.98	0.96	0.010	1.00	1.00
	固定为1	665.12	27	24.63	0.350	0.65	0.35	0.100	0.75	0.75
组价 & 成传	自由估计	32.45	26	1.25	0.025	0.97	0.96	0.015	1.00	1.00
	固定为1	412.45	27	15.28	0.260	0.70	0.50	0.110	0.75	0.75
组文 & 组激	自由估计	19.12	26	0.74	0.000	0.99	0.98	0.010	1.00	1.00
	固定为1	372.79	27	13.81	0.250	0.70	0.55	0.010	0.83	0.83
组文 & 组构	自由估计	31.12	19	1.64	0.040	0.97	0.95	0.022	0.99	0.99
	固定为1	295.12	20	14.76	0.280	0.73	0.50	0.080	0.79	0.79

续表

SE	COV	χ^2	df	χ^2/df	RMSEA	GFI	AGFI	RMR	IFI	CFI
组文 & 创能	自由估计	23.12	19	1.22	0.020	0.98	0.96	0.018	1.00	1.00
	固定为1	295.23	20	14.76	0.280	0.75	0.55	0.080	0.82	0.82
组文 & 战集	自由估计	22.15	19	1.17	0.020	0.98	0.96	0.020	1.00	1.00
	固定为1	397.52	20	19.88	0.300	0.68	0.45	0.120	0.75	0.75
组文 & 成传	自由估计	82.09	53	1.55	0.045	0.95	0.93	0.030	0.99	0.99
	固定为1	372.13	54	6.89	0.180	0.78	0.65	0.065	0.93	0.93
组激 & 组构	自由估计	37.22	34	1.09	0.018	0.97	0.96	0.010	1.00	1.00
	固定为1	260.12	35	7.43	0.190	0.80	0.68	0.055	0.93	0.93
组激 & 创能	自由估计	40.56	26	1.56	0.045	0.97	0.95	0.015	0.99	0.99
	固定为1	282.13	27	10.45	0.200	0.80	0.65	0.053	0.92	0.92
组激 & 战集	自由估计	34.12	19	1.80	0.040	0.97	0.95	0.020	0.99	0.99
	固定为1	252.22	20	12.61	0.250	0.76	0.56	0.070	0.87	0.87
组激 & 成传	自由估计	33.52	19	1.76	0.045	0.97	0.95	0.025	0.99	0.99
	固定为1	302.40	20	15.12	0.260	0.73	0.52	0.086	0.85	0.85

续表

SE	COV	χ^2	df	χ^2/df	RMSEA	GFI	AGFI	RMR	IFI	CFI
组构 & 创能	自由估计	39.12	35	1.12	0.025	0.97	0.95	0.018	1.00	1.00
	固定为1	924.95	35	26.43	0.390	0.52	0.19	0.150	0.56	0.56
组构 & 战集	自由估计	27.32	26	1.05	0.000	0.98	0.97	0.018	1.00	1.00
	固定为1	462.52	27	17.13	0.280	0.68	0.47	0.110	0.70	0.70
组构 & 成传	自由估计	27.82	26	1.07	0.000	0.98	0.96	0.018	1.00	1.00
	固定为1	587.12	27	21.75	0.320	0.63	0.38	0.120	0.65	0.65
创能 & 战集	自由估计	41.22	26	1.59	0.045	0.97	0.94	0.010	0.99	0.99
	固定为1	553.12	27	20.49	0.300	0.65	0.42	0.070	0.75	0.75
创能 & 成传	自由估计	27.22	19	1.43	0.025	0.98	0.96	0.010	0.99	0.99
	固定为1	523.10	20	26.16	0.350	0.65	0.37	0.080	0.75	0.75
战集 & 成传	自由估计	37.26	31	1.20	0.030	0.98	0.96	0.010	0.99	0.99
	固定为1	812.83	32	25.40	0.350	0.58	0.32	0.095	0.70	0.70

注:"SE"为 LISREL 程序的输入格式命令,表示"选取变量次序"。

从表 8-20 中所显示出的两个潜变量因子限定相关系数为 1 与不加以限制时的卡方值之间的对比情况，以及其他拟合指数对比情况来看，都表明了本书的潜变量因子具有良好的区别效度。

8.6

模 型 的 检 验 与 结 果 评 价

模型的拟合是一个较复杂的过程，不同的分析者往往从自身模型设置的具体情况出发，采用不同的拟合策略，本书的拟合方法是先对每一个潜变量因子分别拟合，剔除因子负荷过小，统计检验不显著，理论意义有交叉的指标，然后再进行整体模型的拟合。对单个潜变量因子的拟合过程，我们在前面的潜变量因子的信度和效度（包括收敛效度和区别效度）分析过程中已经完成，下面我们将在此基础上，来对模型的总体拟合情况作一个全面的分析。由于本模型所包含的结构因子数目较多，为避免模型的拟合过程太过复杂，我们首先尝试采用高阶因子分析法来对模型进行分阶段性的拟合：

第一阶段，我们把一个虚拟的"影响组织共享心智模型总因素（简称：总因）"因子看做是能够主宰和替代"组织学习"、"交叉培训"、"经验交流"、"组织文化"、"组织构成"、"组织激励机制"这 6 个一阶因子的二阶因子进行二阶模型的拟合，这样不仅大大减少了需要估计的参数，而且还能考察是否能真正有这样一个统管影响组织共享心智模型各项因素的总因素存在，以为我们后面进行进一步理论与实证探索提供准备。通过编制和运行相关分析程序，并经过标准化处理后，最终所拟合出的高阶因子全模型如图 8-2 所示。

模型的拟合结果如表 8-21 所示。

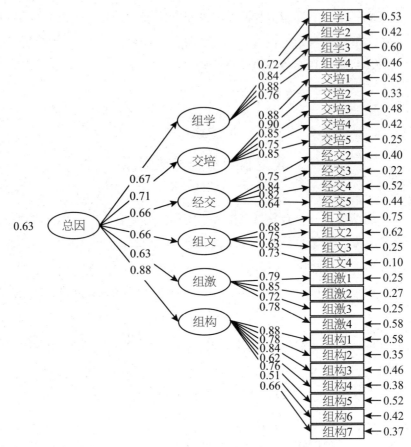

图 8 - 2　标准化的高阶因子模型路径系数

表 8 - 21　　　　　　　模型的拟合结果指标

χ^2	df	$\chi^2/$df	RMSEA	GFI	AGFI	RMR	IFI	CFI
5 351.84	1 328	4.03	0.039	0.91	0.88	0.034	0.90	0.90

　　虽然二阶与一阶因子关系很强（GA 值分别为 0.67，0.71，0.66，0.66，0.63，0.88），但与前面 8.5.2 中所作的一阶因子验证性分析相比较，二阶因子模型的拟合优度与一阶因子模型的相差较大，卡方值 $\Delta\chi^2$（1 328 - 1 322）= 5 351.84 - 3 661.94，$\Delta\chi^2$（6）= 1 689.9，不但显著，而且二阶模型的卡方值（χ^2）与自由度（df）的比值（$\chi^2/$df）为 4.03，已超出一般能够接受的"3"标准，这表明二阶模型拟合不好，不足以反映各一阶因子的关

系，故我们只能放弃对"组织学习"、"交叉培训"、"经验交流"、"组织文化"、"组织构成"、"组织激励机制"这6个一阶因子的二阶因子模型拟合。

第二阶段，我们仍然本着"简洁化"的原则，尝试采用一个虚拟的"组织知识创新管理总水平（简称：总管）"的因子看做是能够主宰和替代"组织内在隐性知识共享水平"、"组织内在价值意义共享水平"、"组织知识创新能力开发水平"、"组织知识创新战略的内在集成能力水平"、"组织知识创新成果内部传播效率水平"这5个一阶因子的二阶因子进行拟合，这样做的目的也同样具有两方面的意义：一方面可以使模型整体拟合过程简洁化；另一方面也可以通过考察"组织内在隐性知识共享水平"、"组织内在价值意义共享水平"这两个一阶因子与"组织知识创新管理总水平"这个二阶因子的关系（即这两个一阶因子在二阶因子的负荷）来分析组织共享心智模型对组织知识创新管理整体水平的影响（即如果这个统管组织知识创新管理各表现因子-总因子存在的话），这样将会使我们的分析结果达到更加一般化的水平。拟合出的高阶因子全模型如图8-3所示。

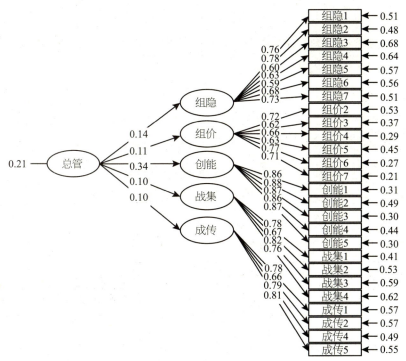

图8-3　标准化的高阶因子模型路径系数

模型的拟合结果指标如表8－22所示。

表8－22　　　　　　　　**模型的拟合结果指标**

χ^2	df	χ^2/df	RMSEA	GFI	AGFI	RMR	IFI	CFI
3 663.04	1 327	2.76	0.034	0.85	0.85	0.028	0.95	0.95

从模型的拟合结果指标我们可以看出，与前面8.5.2中所作的一阶因子验证性分析相比较，二阶因子模型的拟合优度与一阶模型的大致相同，卡方值 $\Delta\chi^2(1\ 327 - 1\ 322) = 3\ 663.04 - 3\ 661.94$，$\Delta\chi^2(5) = 1.1$，不显著，按照简约原则，我们应采用二阶模型。但我们通过进一步的观察发现，二阶与一阶因子关系除"创能"在"总管"中的载荷为0.34外，其他一阶因子在二阶因子的载荷皆过于偏低，这表明二阶因子的存在缺乏多数一阶因子间相关关系的支持，故我们仍只能放弃对"组织内在隐性知识共享水平"、"组织内在价值意义共享水平"、"组织知识创新能力开发水平"、"组织知识创新战略的内在集成能力水平"、"组织知识创新成果内部传播效率水平"这5个一阶因子的二阶因子模型拟合。

在两次高阶因子拟合尝试失败后，我们最终只能转而选择比较复杂的一阶因子模型来对模型进行全面的拟合。为此，我们通过设置需要估计的潜变量因子之间的路径模型参数，然后编制和运行相关分析程序，经过标准化处理后，最终所拟合出的结构方程模型的全模型如图8－4所示。

表8－23中的拟合指标显示了整个模型的运行结果。

表8－23　　　　　　　　**模型的拟合结果指标**

χ^2	df	χ^2/df	RMSEA	GFI	AGFI	RMR	IFI	CFI
3 801.93	1 353	2.81	0.038	0.88	0.85	0.028	0.97	0.97

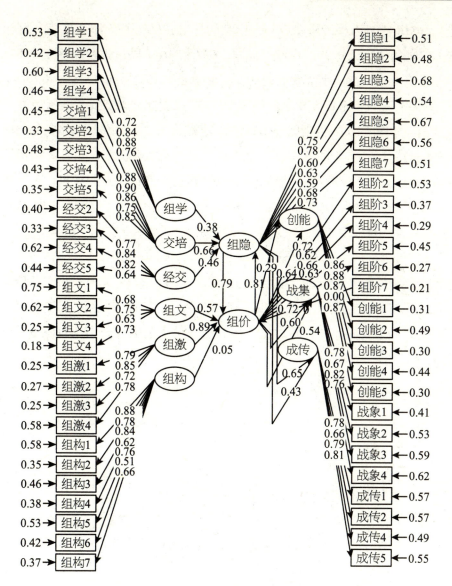

图 8 − 4　标准化的测评模型路径系数图

从表 8 − 23 中我们可以看到，卡方（χ^2）与自由度（df）之比（χ^2/df）虽然仍大于 2，但小于被普遍接受的"小于 3"的标准（当 χ^2/df 大于 3 而小于 5，则认为模型拟合得较为一般）；*RMSEA* 值为 0.038，小于被普遍接受的"小于 0.05"的标准（0.05 以上，0.08 以下则认为模型拟合的较为一般）；*RMR* 的值为 0. 028，也小于 0. 05 的标准；*IFI*、*CFI* 都为 0. 97，符合普遍接受的"大于 0. 90"的理想标准；*GFI* 和 *AGFI* 虽分别为 0. 88 与 0. 84，均要小于 0. 90 的理想标准，但已大于"由塞法丝和格罗弗（Sefars & Grover，1993）建议的最低为 0. 8 的可容忍标准"；因此，本书模型按照前文介绍的国际惯例所选取的判断结构方程模型拟合优度的"大拇指法则（a rule of thumb）"中，有 5 项指标表明模型具有较高的拟合优度，而有 2 项指标显示模型只具有一般的拟合优度，但根据博尼特（Bonett）的观点，对一些含较多因子的复杂模型拟合，此标准已表明该模型完全可以被接受（Bonett，1980），由此我们决定接受该模型为本书最终的结构方程模型。

由于我们的实证分析的最终目标是对我们前面研究各章所提出的 14 个假设命题进行经验数据的检验，而这些命题所假设的 14 项关系的实证结果分别体现在各潜变量因子之间的路径系数估计中，下面我们把各潜变量因子之间的路径系数估计的非标准化，标准化以及 *T* 值情况分别通过图 8 – 5、图 8 – 6、图 8 – 7 反映。

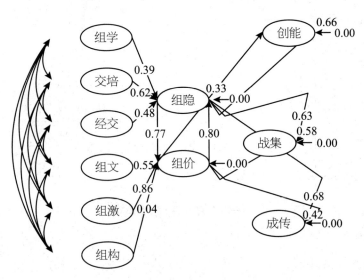

图 8 – 5　非标准化的潜变量因子路径系数

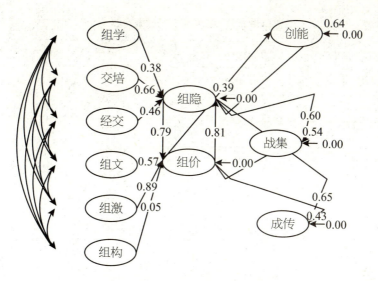

图 8 - 6　标准化的潜变量因子路径系数

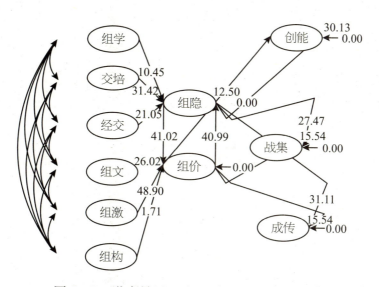

图 8 - 7　潜变量因子路径系数所对应的 *T* 值

　　为了便于看清楚各分析结果图中的路径关系及其统计显著性，将上述图
8 - 5、图 8 - 6、图 8 - 7 三个图中的内容绘制成表 8 - 24。

表 8-24   **潜变量因子间关系统计检验结果**

关系路径	非标准化系数	标准化系数	T 值	统计显著评价	假设验证情况
组学→组隐	0.39	0.38	10.45***	显著	H_1：支持
交培→组隐	0.62	0.66	31.42***	显著	H_2：支持
经交→组隐	0.48	0.46	21.05***	显著	H_3：支持
组文→组价	0.55	0.57	26.04***	显著	H_4：支持
组激→组价	0.86	0.89	48.90***	显著	H_5：支持
组构→组价	0.04	0.05	1.71	不显著	H_6：不支持
组隐→组价	0.77	0.79	41.02***	显著	H_7：支持
组价→组隐	0.80	0.81	40.99***	显著	H_8：支持
组隐→创能	0.66	0.64	30.13***	显著	H_9：支持
组价→创能	0.33	0.39	12.60***	显著	H_{10}：支持
组隐→战集	0.63	0.60	27.47***	显著	H_{11}：支持
组价→战集	0.58	0.54	15.54***	显著	H_{12}：支持
组隐→成传	0.68	0.65	31.11***	显著	H_{13}：支持
组价→成传	0.42	0.43	15.54***	显著	H_{14}：支持

注：$t > 1.96$，$p < 0.05$，用 * 表示；$t > 2.58$，$p < 0.01$，用 ** 表示；$t > 3.29$，$p < 0.001$，用 *** 表示；没有 *，则表示统计不显著。

8.7

原假设模型的修正

从上面对假设模型的实证分析中我们可以看出，本书模型中假设 6 (H6：组织构成影响组织共享心智模型中内在价值意义共享水平) 没有通过检验，这有可能是本次调研的组织对象中大多数为近年建立起来的知识型组织，他们中有很多组建的时间并不长，有的组织组建的时间尚不足 3 年，虽然这些组织在组织文化的构建方面已颇具一定的特色，但其组织成员的同质化程度、组织历史发展的长短、组织结构设置的类型选择、组织执行任务的分工方式等组织构成因素对组织价值意义共享水平的提高尚未产生显著的促进作用，因此，两者之间也就还没有形成显著的正相关关系。本书的其余13 项假设则通过了检验，分别是假设 1（H1：组织学习影响组织共享心智模型中内在隐性知识共享水平，相关系数为 0.39，$p < 0.001$）；假设 2（H2：交叉培训影响组织共享心智模型中内在隐性知识共享水平，相关系数为 0.62，$p < 0.001$）；假设 3（H3：经验交流影响组织共享心智模型中内在隐性知识共享水平，相关系数为 0.48，$p < 0.001$）；假设 4（H4：组织文化影响组织共享心智模型中内在价值意义共享水平，相关系数为 0.55，$p < 0.001$）；假设 5（H5：组织激励机制影响组织共享心智模型中内在价值意义共享水平，相关系数为 0.86，$p < 0.001$）；假设 7（H7：组织共享心智模型中内在隐性知识共享水平影响内在价值意义共享水平，相关系数为 0.77，$p < 0.001$）；假设 8（H8：组织共享心智模型中内在价值意义共享水平影响内在隐性知识共享水平，相关系数为 0.80，$p < 0.001$）；假设 9（H9：组织共享心智模型中内在隐性知识共享水平影响组织知识创新能力开发水平，相关系数为 0.66，$p < 0.001$）；假设 10（H 10：组织共享心智模型中内在价值意义共享水平影响组织知识创新能力开发水平，相关系数为 0.33，$p < 0.001$）；假设 11（H 11：组织共享心智模型中内在隐性知识共享水平影响组织知识创新战略的内在集成能力水平，相关系数为 0.63，$p < 0.001$）；假设 12（H 12：组织共享心智模型中内在价值意义共享水平影响组织知识创新战略的内在集成能力水平，相关系数为 0.58，$p < 0.001$）；假设 13（H13：组织共享心智模型中内在隐性知识共享水平影响组织知识创新成果内部传播效率水平，相关系数为 0.68，$p < 0.001$）；假设 14（H 14：组织共享心智模型中内在价值意义共享水平影响组织知识创新成果内部传播效率水平，相关系数为 0.42，$p < 0.001$）。

根据假设检验的结果，对原先构建的模型进行修正，图 8 - 8 为修正后的模型。该模型显示了本次调研中所验证了的组织共享心智模型在组织知识创新管理中所起作用的重要前因与后果。

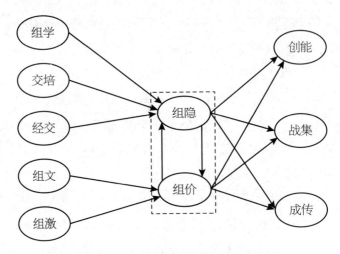

图 8-8　原模型修正后的模型

8.8

本 章 小 结

本章采用结构方程模型对本研究前面基于理论分析基础上所提出的 14 项假设命题关系进行了实证检验，检验结果表明，组织共享心智模型中的组织隐性知识共享水平与组织价值意义共享水平对组织知识创新能力的开发、组织知识创新战略的内在有机集成、组织知识创新成果的内部传播效率皆具有较显著的促进作用，而组织学习、交叉培训、经验交流、组织文化、组织激励机制以及组织隐性知识共享水平与组织价值意义共享水平的互动作用则分别构成了组织共享心智模型形成过程中的重要影响前因。至此，本书通过对本章所构建的实证模型的检验与修正，最终得出了一个既具有理论和逻辑支持，又能较好地同经验数据相拟合的组织共享心智模型在组织知识创新管理中所起作用的基础与效果的总体分析模型，以期能对现实的组织知识创新管理实践带来某些有益的启示。但有一点必须最后明确的是，本章的实证研究模型虽然受到笔者本人分析技术的成熟度、变量的有效性、观测数据的可靠性①等因素的制约，但最终为建立为一个具有高效度的常模奠定了必要的基础。因此笔者相信，在今后随着研究设计的不断细化，样本容量的不断扩充，样本覆盖面的不断增大，本书分析中所得出的一些相关结论或许将具有非同一般的意义。

---

① 如不同的调研对象在对同一问题的认识和视角的差距也会对数据的测度造成一定的影响。

第9章

总结与展望

　　基于组织共享心智模型的组织知识创新管理研究是一项十分复杂而又颇具挑战性的工作，尤其是随着知识创新日益成为现代组织不断提升其内在竞争力并确保其竞争优势可持续发展的重要源泉，使得这项工作更加富有时代意义，笔者在本书的进行过程中也深深感到了这一研究领域的广阔前景。但本书只是刚刚起步，所取得的研究成果也是极其初步性的。作为本书内容的总结，本章一方面对本书所取得的一些初步性的成果进行了综述，对其实践应用价值进行了展望；另一方面，也对本书的不足与缺憾进行了分析，对未来继续研究的方向进行了展望，并提出了一些值得进一步研究的问题。

9.1
研究成果综述与研究成果实践应用价值展望

9.1.1　研究成果综述

　　本书从理论背景的考擦、相关概念的界定、基本原理的分析到待证假设前提的提出，从模型的建构、问卷的设计、数据的检验到实证结果的评价，这一系列过程的完成，使本书获得了一些相关的结论和观点，这些相关结论和观点的集合构成了对本书内容的一个较完整的描述，下面把这些相关结论和观点加以概括，以作为本书几个初步性成果的综述，同时也是对本书最初提出的几个关键性问题的回答。

（1）探讨了组织知识创新管理的核心问题，初步提出了解决这一核心问题的对策方案。组织知识创新管理作为一项新兴的管理实务，与组织中传统的产品创新管理、技术创新管理及制度创新管理相比，存在着诸如管理过程的内隐性（即组织知识创新管理的过程涉及组织中大量隐性知识的转移与转化），管理组织的学习性，管理激励的内在性（激励机制的内部化），管理战略的内生性，管理成果与绩效的内涵性（即组织知识创新成果与绩效往往蕴涵在组织成员的创新行为中，而不能完全通过具体的物化成果来衡量）等一系列明显不同的新特征，基于对这些新特征的分析与认识，能否为组织知识创新管理构建一种内在统一性的支持载体，使它成为推动组织知识创新过程的发展、推进组织学习交流的开展、增强组织内在知识创新能力的开发、促进组织知识创新战略内在集成能力的提升、促使组织知识创新成果内部传播效率的提高等一系列组织知识创新管理行为背后的原动力，就成为当前各级组织在进行组织知识创新管理过程中所必须着力解决的一道核心课题。针对这一核心课题，国内外不同研究者曾从不同的研究角度出发，皆进行过系统深入的分析，并形成了众多的对策方案，如彭罗斯（1959）在企业成长理论与企业知识积累理论中，对企业知识转化与创新方面的"诀窍"分析；纳尔逊与温特（1982）在组织知识演化理论中，对培养"组织惯例"（组织知识记忆）的重视；西蒙、塞耶特、马奇（1984）在有限理性与管理行为理论中对发展组织"学习型适应性理性系统"的强调；爱因·兰德（1962）在哈耶克知识论背景下对组织自觉形成内在"共同逻辑结构"的描述；野中郁次郎、竹内弘高（1991）、伊丹敬之（1998）在群体知识创造理论中对构建"场（Ba）"管理理论的阐释；戴布拉·艾米顿（1993）在内在创新价值系统理论中对建立组织"内在创新价值系统"的追求等，这些对策方案为本书的进一步开展提供了重要的思想契机，本书则通过引入组织共享心智模型这一基本概念，从而揭示了组织知识创新管理内在统一性载体的内涵与本质，并把对组织知识创新管理核心问题的研究进一步推向了深入。

（2）分析了组织共享心智模型形成与发展的一般性规律，从而论证了组织共享心智模型作为组织知识创新管理内在统一性支持载体的现实可行性。组织共享心智模型作为组织知识创新管理内在统一性的支持载体，其形成与发展过程必须具有我们能够认识与把握的一般性规律，否则我们就不能在实践中对其加以改进与利用，以提高组织知识创新管理的整体效率。但目前虽然许多学科领域都在开展对组织共享心智模型的形成与发展过程的研究，也取得了不少较有代表性的相关研究成果，然而总体来看，这些研究理论主要侧重于对组织共享心智模型形成与发展过程的各种影响因素的分析，尚没有达成一个统一的有关组织心智模型形成与发展过程内在一般性规律方面的认识。本书则尝试从符号交往理论的崭新视角来分析与说明组织个体成员如何通过长期的社会人际交往、组织学习与经验交流最终达成一个组织全体成员之间共同拥有的心智模型即组织共享心智模型的过程，揭示了从组织成员个体心智模型到组织共享心智模型形成与发展过程的内在一般性规律，从而论证了组织共享心智模型作为组织知识创新管理内在统一性支持载体的现实可行性。

（3）揭示了组织共享心智模型对开发组织知识创新能力、提升组织知识创新战略内在集成能力、提高组织知识创新成果内部传播效率影响与作用的内在机理和具体过程，并尝试提出了较为严格规范的数理分析模型。组织共享心智模型作为组织成员之间内在隐性知识共享与内在价值意义共享的统一性载体，能够为组织知识创新管理提供共同的隐性知识背景的支持与价值意义的激励，这一点必须要通过对组织知识创新管理过程中组织共享心智模型产生与作用的各种原理与机制的分析才能得到明确。本书尝试运用选择算子模型、协同学理论、演化博弈理论等理论与方法分别揭示了组织共享心智模型对组织知识创新能力开发、组织知识创新战略内在集成能力提升、组织知识创新成果内部传播效率提高影响与作用的内在机理与具体过程，从而形成了基于组织共享心智模型的组织知识创新管理研究的总体理论分析框架。

（4）验证了组织知识创新管理中组织共享心智模型的形成前因与作用效果，并产生了潜变量因子较好的测度条款与测度模型。本书在结合规范研究的基础上提出了一些基本原理与假设前提，并尝试运用当前处于统计分析技术前沿的结构方程模型对组织知识创新管理中组织共享心智模型的形成前因与各项具体作用后果进行了实证检验。实证检验中各项潜变量因子的衡量方法与衡量条款主要是在参考借鉴国内外相关学者的研究基础上进行重新的建构形成的。经过本研究对这些潜变量因子衡量的信度和效度的检验，发现大多数衡量条款都是合理有效的，本研究对这些潜变量因子的衡量条款、衡量方法与衡量模型无疑对今后的相关研究具有一定的参考价值。

9.1.2 研究成果的实践应用价值展望

有了对于组织知识创新管理中组织共享心智模型产生影响与作用的机理、机制及效果的一般性认识之后，将这些思想与方法应用到组织知识创新管理的具体实践中才是本书的最终目的。目前对于大多数知识创新型组织来说，当务之急要克服传统的"二元结构"知识创新管理模式所造成的把组织知识与组织知识工作者分别进行管理而导致的组织知识创新过程或缺失共同的价值意义激励，或缺失共同的隐性知识背景支持的"双重困境"现象，而组建基于组织共享心智模型的统一的组织知识创新管理模式或许是一条切实可行的有效途径，对此，本书的相关理论成果或许能提供一些较有益的启示：

（1）要深刻理解组织文化与组织共享心智模型的内在关系，着力构建一套有利于激发组织知识创新能力的内部激励机制体系。本研究的成果表明，组织共享心智模型是组织文化的核心内容与基础，是组织文化之所以能够产生效用的根本原因所在，而组织文化作为组织共享心智模型的实践形式与功能载体，又是组织共享心智模型自身形成与演化必不可少的实践环节

（参见本文第 3 章的相关论述），两者互为表里，在组织知识创新管理中共同构成了一套有效互动的内部激励机制体系。正如我们在第 1 章所论述过的，工作的程序化、规范化越强，所包含的结构性规则越多，外部激励机制就越有效，但知识创新能力的激发显然不是一项程序化、规范化的工作，不是由任何既定的结构性规则组成的，知识创新力更大程度上依赖于内部激励，这种内部激励应该是一种个体发自内心深处的为自己的缘故去创新的冲动，而体现着组织共享心智模型中组织共同的价值意义结构的组织文化则能够激励每位组织成员个体自发地进行知识创新活动（参见本书 4.2 节中的具体论述），因此，本书的相关研究成果或许能够为各级组织构建一套有效的内在激励机制体系提供一个十分有价值的新方向。这方面的一个非常典型的案例是 Idemistu Kosan 的无奖励系统。Idemistu Kosan 是日本第二大石油公司，它在全日本设有许多个加油站，通过国内服务网络来进口、精练、分销及销售石油制成品。1985 年以前，公司的"工作改进活动系统"设立奖励机制，每个递交创意的员工都可获得价值 5 美元的证书。后来，公司下属精练厂该系统的主管发现，这套奖励制度实行起来难度很大，因为提案数目非常大。因此，他们开始尝试着取消奖励，原以为奖励取消后，提案的数目会大大减少，但令人吃惊的是，提案数目不但没有减少，反而成倍增加。实际上，把物质奖励从创造性的等式中去掉以后，公司更加注重其内部的文化激励和精神奖励，从而取得了超越物质性奖励的更好的激励成效（翟丽，2001）。

（2）要加强组织学习，深入挖掘组织内在的隐性知识资源，切实培养组织知识创新方面的核心能力。本书的研究成果表明，由于组织共享心智模型中内在隐性知识结构的隐秘性、潜在性、独占性与排他性等特征，因此不同组织之间是不可完全模仿的，不可完全复制的，是不同质的，即组织之间具有明显的异质性①。而优良的组织共享心智模型中的内在隐性知识机构则成为组织有效的知识创新能力基础，成为组织在知识竞争中的核心资源，从

---

① 不同质的组织由于其内在的共享心智模型独特性，往往在同一领域的知识竞争中拥有某种独特的知识创新能力，这正如不同的厨师按同样的食谱烹饪结果肯定是一人一种味道，这些特定的创新能力往往就成为组织知识竞争的核心能力。

而创造出知识竞争的优势。但如何充分利用组织的内在隐性知识共享结构，深入挖掘组织内在的隐性知识资源，却不是一时能够掌握其规律的，也无法从管理书籍中找到现成的答案，必须要经过组织的长期实践摸索才能够产生出其独特的效果，而组织学习则是其中一条尤为有效的途径（Peter M. Senge，1996）。尤其是对当前许多文化多元化的跨国企业、合资企业与合作企业来说，如何针对文化背景相差迥异的员工进行心智模型的有效整合，充分探寻利用他们自身内在隐性知识资源的有效方法，就成为这些组织在当前经济全球化背景下所面临的一项具有普遍性的挑战。因为 3M 公司、NCR 公司和摩托罗拉公司等多家大型跨国公司的实践经验表明，有相同文化背景的员工能更有效地交流和共享知识，达成一种共同心智模型与内在隐性知识共享结构，"新西兰的工人能和波士顿的工人相处融洽是因为他们有共同的兴趣和经历（APQC，2001）"，本书在实证调研过程中的一些观测数据也同样证明了这一结论。另外，对于一些拥有东西方不同文化背景员工的组织来说，还有一个更为具体的实践难题就是东西方不同文化背景所造成的员工在表达和显性化自身内在隐性知识方面的巨大差异，一般来讲，西方文化主要以美国为代表，其文化精神追求卓越，崇尚独立人格与个性张扬，追求个人自我价值的实现，而东方文化则深受中国传统文化的影响，讲求儒家"和"的哲学概念，重视集体主义和人际关系，注重自身行为的价值标准，关注"情、理、义"三者的有机统一等特征。因此，如何整合好这两种各具特色而又截然相反的文化背景下的员工心智模型，实现他们的有效共享，将是这些组织深入挖掘其组织内在隐性知识资源的一道永恒性课题。

（3）要密切关注组织知识创新管理各项制度、机制设置的内在心智基础，高度重视制度、机制选择、变迁与演化的基于组织共享心智模型的边际搜寻性与路径依赖型的特征。新制度经济学家诺思把宏观经济制度的分析基础发展到了社会成员的共同心智模型阶段，认为制度参量决定了生产的技术效率，而共同心智模型则最终决定了制度的选择、形成与演化过程。我们在本书第 3 章相关分析中也指出，在微观经济组织中，只要组织外部的环境是竞争性的，组织员工的选择是自由的，并且组织员工的选择能满足某种理性假设，即使是最低要求的"连续性"假设，那么一定时期内，在组织中就总会存在着一个反映员工个体内在价值意义与内在隐性知识共同结构的共享心智模型，即组织共享心智模型是存在的，存在着的组织共享心智模型反过来作为一种组织共同的内在价值意义结构与隐性知识结构又为组织的每一项制度与规范提供着内在的价值意义支持与隐性知识背景支持，那些失去支持的制度与规范将因为缺乏内在精神的激励支撑与隐性知识的共识而难于监督，或监督成本太高以至逐渐消亡，或蜕变变形为其他制度与规范，从而失去了这些制度规范设置的初衷与效果。因此，从某种意义上来说，组织共享心智模型对于组织来说是唯一的，是一种真制度，它提供了更加相近的共同认知与意义激励，从而有效地规制了组织内外环境。这一方面，国外一个较典型的案例是美国 Levistrauss 公司的制度创新案例。Levistrauss 公司是世界上最大的服饰制造商，在 20 世纪 90 年代之前，该公司的新产品开发速度曾一度领先于世界其他公司，90 年代后，随着知识竞争的日趋激烈，公司参照美国其他一些巨型公司的管理模式，引进了一系列先进的知识管理方面的相关制度与政策，以期使公司在新产品开发方面再上一个新台阶，但事与愿违，这些制度与政策引进后，公司发展反而开始走下坡路，新产品开发速度放慢，产品进入零售环节的节奏明显低于其他公司，公司管理人员寻找原因后发现，症结就在于这些引进的新制度政策由于缺乏员工的内在心智基础的支持，从而失去了其在原来公司中所具有的效能。于是公司断然废弃了这些从外面引进的新制度政策，而是利用公司原有的组织文化方面的公开化、多元化和民主化等优势，动员本公司的职工开展组织学习，经验交流，献计献策，终于建立了一套既具公司自身特色又拥有公司员工广泛心智基础支持的知识管理制度，从而使公司不久以后又在世界市场上再造辉煌。而在我国，因盲目模仿国外先进制度而最终导致企业改革走向失败的案例，则更是屡见不鲜。这些实践经验都向我们警示要密切关注组织知识创新管理中各种制度规范设立的组织心智基础，要高度重视各种制度规范设置的基于组织共享心智模型的边际搜寻性与路径依赖型的特征。

（4）要重视组织共享心智模型在实现组织知识工作程序化规范化过程

中的作用，探寻一条提高组织知识工作生产率的有效途径。程序化、规范化是传统工作的两项基本属性，两者共同构成了工作的结构性特征。笔者导师戴昌钧教授在上一个国家自然科学基金项目"知识员工生产率管理理论及其实现途径研究"中对知识工作的结构进行了初步的研究，将其归纳为非程序性和非规范性①，但同时又特别指出，尽管知识工作以其非程序性和非规范性为基本特征，但大量的事实表明，即使对于高端的知识工作也存在着许多可程序化、可规范化的因素，而且，如何深入探寻这些对知识工作实现程序化和规范化的有效因素是提高知识工作生产率的一条有效途径。对此，笔者导师戴昌钧教授将在其研究的国家自然科学基金项目"知识工作的结构分析及其对生产率的影响机制研究"中展开进一步深入具体的探讨。本书的相关研究成果将沿着导师这一思路积极投入组织知识工作的程序化与规范化实践应用研究中，以探寻组织共享心智模型在组织知识工作程序化、规范化中的作用。目前初步性的研究成果已表明：组织共享心智模型作为组织成员共同的隐性知识结构化与价值意义结构化的统一载体，构成了组织知识工作程序化与规范化即结构化的内在认知基础，不同的组织共享心智模型背景下，同样的知识工作对象将产生出不同的程序化与规范化即结构化的特征，而信息技术只是这中间的一套硬件实现形式与工具媒介，信息技术自身的具体运用与开发也同样受着不同组织共享心智模型的制约。一个非常典型的案例是日本企业与美国企业在20世纪90年代初开发高清晰度电视的竞争过程中所制订的两套截然不同的战略方案。如果我们把"开发高清晰度电视的过程"看做是一项典型的知识工作对象的话，那么日本企业对这项知识工作的规律把握与程序化和规范化的理解以及工作方案、流程的制定是沿着传统的模拟信息技术②的思路来展开的，而美国企业对这项知识工作的规律把握与程序化和规范化的理解以及工作方案、流程的制定则是沿着一条完全不同的思路即信息技术数字化的方向来展开的，由此决定了日本企业在这

---

① 戴昌钧. 国家自然科学基金项目（批准号70172030，2002~2004）研究报告，2005年3月。

② 这里的信息技术是狭义上的，不同于上面所说的现代知识工作中所普遍采用的广义上的信息技术。

一领域中竞争的失败，以致今天日本在信息技术及其相关产业领域比美国落后了整整10年。国内外相关学者对这一现象已多有研究，目前尚未达成一致性的看法。但我们如果从美日两国的企业心智模型来看，将不难发现，两国企业的心智模型存在着巨大的差异：日本企业的心智模型特征是民族亲和力和集体主义精神的价值观以及很多日本企业实现终身雇佣制所持有的人员和组织内在关系的持久性，这有利于日本企业成员之间实行广泛的交流对话和内在隐性知识的充分共享，因此日本企业往往在模拟性创新和重新组合式创新方面具有绝对的优势①，但总体来看，日本企业的心智模型仍具有东方文化的保守性，因此，不利于对工作对象实现根本上的基础原理方面的创新，而这方面，美国企业心智模型中的个人主义，自由放任的价值观能够使高度专业化的创新性人才的潜在才能得到最大限度地发挥，从而能够导致在最根本性的基础原理方面的创新。由此，我们也可以看出，有什么样的组织心智模型就会有对知识工作规律什么样的认识与把握，就会有对知识工作形成什么样的程序化与规范化（即结构化）的特征的理解，所以"企业能动地在工作中发现并应用知识工作结构性特征规律，从而提高生产率的管理对策和实现途径研究"② 十分重要，对此，我们将在本书今后的实践应用研究中做进一步具体深入的分析。

9.2
研究的局限及进一步研究的展望

9.2.1 研究的局限

本书在理论推导与分析过程中，虽然力求科学严谨，但由于诸多因素的

---

① 因为这方面的创新最需要组织成员之间的亲密和持久的共享所带来的隐性知识快速共享（青木昌彦，2002）。

② 戴昌钧等. 程序性和规范性——知识工作界定标准的探讨［J］. 华东经济管理，2006（2）.

限制，仍然存在着不少的缺憾与不足，主要体现在以下几个方面：

（1）如上面所述，组织共享心智模型对组织知识创新管理的作用与影响不但有积极的方面，即"共享促进创新"，但还有消极的方面即"共享惯性有可能滞碍创新"。但本书的总体分析则主要着眼于对组织共享心智模型的积极方面（即共享促进创新）的作用与影响进行探讨，而对其消极方面则较少涉及，这在一定程度上也影响了本研究相关结论与观点的全面性与科学性。

（2）应当说组织共享心智模型在静态条件下是完全有效的，而一旦条件发生了变化，组织各种内外环境发生了变迁，原有的组织共享心智模型的各种作用不仅不复存在，反而会产生误导，因此，从动态的角度对组织共享心智模型的各种作用机制与作用效果进行追踪研究就显得尤为必要，而本研究由于是进行一次性调研，况且时间上也有限制，因而从动态方面的追踪研究无法开展，这是一个很大的缺憾与不足。

（3）本书进行实证检验的样本数据来自多个不同的行业，这些不同行业中，组织共享心智模型的作用机制与作用效果肯定会存在一些差异，因此，对这些分行业的子样本进行对比研究就显得尤为必要。但本研究在问卷设计中由于担心条目过多会引发被调查人的厌烦与反感，从而会造成本次总体调研数据的质量下降，因此，只好忍痛割爱，没有设计出更为详细的能够反映出各个不同行业差异的测度条款，这也在一定程度上影响了本研究结论的具体性与深刻性。

（4）组织共享心智模型对组织知识创新管理的作用与影响是一个全方位、多层次、多维度的复杂现象，本书对其作用与影响仅从组织知识创新能力开发、组织知识创新战略内在集成能力提升、组织知识创新成果内部传播效率提高三个方面进行了分析，但在现实环境中，组织共享心智模型的影响与作用效果远不止这些，但由于受到笔者研究调查能力与分析工具的制约，许多因素本研究目前尚无法进行量化控制，因此，在研究结果的全面性与科学性方面也会受到一定的限制。

9.2.2 进一步研究的展望

探寻组织知识创新管理中组织共享心智模型影响与作用的规律是一项富有挑战性的工作，尤其是随着知识创新日益成为现代组织不断提升其内在竞争力与确保其可持续发展优势的重要源泉，更加使得这项工作富有时代意义。笔者在本书的进行过程中也深感这一研究领域的广阔前景，而本书则只是刚刚入门，所取得的研究成果也是极其初步性的，还有很多问题需要在以后的研究中给予解决。根据本书的思路及相关内容，我们将这些问题归纳如下：

（1）从动态的视角进行研究，以探求组织共享心智模型作用机制与作用效果的历史发展过程及规律。组织共享心智模型是一个活的有序结构，是一个变量，而不是一个常量，发展变化是其永恒的规律，这就导致其对组织知识创新管理的作用机制与作用效果也是在不断发展与变化的，为此，我们要对组织共享心智模型本身不断进行审视与检视，确保其能够不断适应组织知识创新管理发展的需要，以防止"共享刚性"或"共享惯性"对组织知识创新管理所可能带来的各种消极作用与影响。由于组织共享心智模型是组织中各种隐性知识的传播器与过滤器（正如电子网络、文档报表是组织各种显性知识的传播器与过滤器一样），由于同时受到组织共享心智模型中的内在组织价值意义激励的影响，时刻都在对组织内外所流动的各种不同的信息与潜在的创新机会进行不断的筛选，这种筛选一方面会使知识创新型组织能够成功有效创造出得到组织共同的内在隐性知识与价值意义支持的新知识；另一方面也会失去那些因得不到支持的新知识的创造契机。而且组织共享心智模型自身还有一个演化、变革、继承和移植的问题，不可避免地还带有前人或周围人的心智模型的积淀，它的惯性与刚性将有可能深层次地滞碍组织成员对各种新知识、新信息的学习与吸收。因此，要保持组织知识创新发展的可持续性，知识创新型组织不但要重视其内在共享心智模型的积极方面的作用，而且要经常审视并检视其内在共享心智模型的发展与变化，即要不断加强组织共享心智模型的日常修炼，这种修炼的核心任务就是要让组织内在共享的心智模型浮出水面，让组织成员在不自我设防的情况下，共同探讨它，共同审视它，认清组织共享心智模型对组织知识创新过程的影响，并且找到改造与革新组织共享心智模型的方式，以创造出更加适合组织知识创新管理发展所需要的组织共享心智模型。为此，在今后的后续研究中，我们将从动态的视角选择一些具体的试点组织，通过收集时间序列数据来对组织共享心智模型在组织知识创新管理中的作用机制与作用效果进行长期性的追踪研究，勾勒出其成长与演变曲线，以探明其历史发展的具体过程与内在规律，这将成为本书进一步开展的一道最为基础性的课题。

（2）进行对比研究。对比研究是科学研究中的一种重要的方法论，通过对比，可以确定同一对象不同方面的差异与特征性，从而可以更深刻更具体地把握同一研究对象在不同方面的特殊性质。本课题进一步的对比研究可以首先从以下两个方面来进行，一方面是组织共享心智模型对组织知识创新管理影响与作用的积极方面与消极方面的对比研究，任何事物的作用与影响皆有其积极与消极两个方面，组织共享心智模型也不例外，在一定时期内，对组织共享心智模型在组织知识创新管理中的影响与作用进行积极方面与消极方面的对比研究，分别检验两种不同影响与作用的后果，有利于指导各级组织对自身内在共享心智模型进行更进一步的全面的认识，从而更加科学有效地加强自身共享心智模型的修炼与更新，以不断创造出组织知识创新管理所需要的组织共享心智模型；另一方面是不同行业的组织共享心智模型的作用机制与作用效果的对比研究，不同行业的组织共享心智模型在组织知识创新管理中的作用机制与作用效果肯定会存在一些差异，通过从不同的行业选择样本来对其进行实证研究，可以了解不同行业状况对组织共享心智模型作用机制与作用效果的不同影响，这对于处于不同行业的组织有的放矢地改进并提高其组织共享心智模型的作用机制与作用效果将会具有十分重要的实践意义。

（3）将本书的相关研究成果在具体的知识创新型组织中进行具体的试验与对策性研究，边试验边改进，并提出相应的配套政策措施。一方面，可以通过在试点组织中尝试构建一套组织共同的语言及其他形式的符号交流体系，发挥组织共享心智模型在组织知识创新管理实践中的基础性作用。组织的共同语言以及其他诸于数字、图示、声音、身体姿态、同一计算机软件知识等共同符号交流体系是组织共享心智模型的外在体现，它演化为组织管理制度中的各种原则，指令、实现组织知识的一体化，如果企业中缺乏共同语言（尤其在多文化、多语种的组织中）与共同的交流符号认知，将会对组织知识的协调与共享带来各种严重的阻碍，一些国外组织，如摩托罗拉和德克萨斯仪器公司的经验表明，为提高组织员工的"共同知识（common knowledge）"（Grant，1996）而在文字、数字及其统计方面的投资，已在组织的知识创新管理中取得了良好的回报，而国内组织目前尚无这方面的实际案例记载；另一方面，可以通过在试点组织中尝试构建组织知识一体化的专门管理体系，使得组织共享心智模型中内在的隐性知识共享结构与价值意义共享结构能够在组织机构层面上得到双重体现。对组织"共同知识"的管理要求组织必须设立专门的管理结构来进行，因此，像"知识中心"这样的"共同知识"管理部门应该及时组建。组织"知识中心"既要负责对一个组织的所需共同知识进行规划、筛选、保存、传播，又要对组织知识工作者进行激励与引导，这就要求组织"知识中心"的管理职能必须是传统组织机构中人力资源管理职能与专门的知识管理职能的整合，是组织共享心智模型中内在的隐性知识共享结构与价值意义共享结构能够在组织机构层面上的双重体现，由此组织"知识中心"的结构必须实现威廉姆森式的"横向革命"，即每一个最基层的组织员工能够与"知识中心"的最高决策者直接交换与共享信息，并建立起员工与管理者能够对信息进行共同理解与系统思考的机制（舒恩，1998），最终使"知识中心"能够具有相当整体性的思维能力，能够敏锐地感觉到属于整个组织整体的各个互不相关的因素之间的联系，能够感知到每个组织成员不同的知识领域的内在联系，并通晓组织中所需的不同种类知识的储存主体及每个主体的知识储量。这一措施对于尝试从组织结构层面上克服传统的"二元结构"知识创新管理模式所造成的把组织知识与组织知识工作者分别进行管理而导致的组织知识创新过程或缺失共同的价值意义激励，或缺失共同的隐性知识背景支持的"双重困境"现象或许具有一定的实践价值。

（4）要从理论与实证两个方面开展更全面更系统的研究。理论规范与实证检验的不断相互更进与完善（即理论规范→实证检验→新的理论规范→新的实证检验→……）是一门学科不断走向成熟的必经之路。而本课题的规范研究与实证分析皆处于最初始的起步阶段，以此为基础，进行更全面更系统的理论规范与实证分析，朝着规范与实证、定性与定量完整结合的目标迈进，将是本课题下一步研究的一项最根本的任务。为此，我们一方面要从多维度、多层次、全方位的展开实证分析，以求证更多的组织共享心智模型作用机制与作用效果的变量。本研究所假设的对于组织共享心智模型在组织知识创新管理中的作用机制与作用效果相关的几个因素：组织知识创新能力开发、组织知识创新战略内在集成能力提升、组织知识创新成果内部传播效率提高皆通过了实证检验，而且皆具有显著的相关关系，但由于组织共享心智模型对组织知识创新管理的作用与影响是一种多维度、多层面的复杂现象，应该继续求证更多的变量，特别是在各种条件允许的情况下，应结合现代数据挖掘技术从各组织中现有的统计经验数据中提取更多相关的组织共享心智模型作用规则与作用效果的变量，并通过对现有拟合模型进行效度延展（Model Validity Extension），以检验现有拟合模型能否用于对更多的组织共享心智作用机制与作用效果的变量分析，这样既可以进一步提升本研究结论的科学性与全面性，又可以大大提高今后研究与分析的效率，节省研究与分析的成本。另外，要在现有的规范研究基础上结合新的实证检验成果努力构建一套基于组织共享心智模型的组织知识创新管理的准公理化体系。社会科学研究要确立一套公理化的体系是很困难的事情，这是由于社会科学的学科性质决定的，因为社会科学研究不仅涉及科学层面的内容，还牵涉一些非科学层面的内容，比如伦理与价值观等，本书的研究属于社会科学的研究范畴，但我们可以尝试建立它的准公理化体系。目前本课题的研究只是基于各个领域的分析提出了一些初步性的定义与定理，离形成一套全面系统的准公理化体系可能还很遥远，而这也正好为我们的进一步研究提供了一个广阔的发展空间。

附录

实证调研问卷

尊敬的先生/女士：

您好！

首先对你在百忙之中能够参与我们的问卷回答表示衷心的感谢！请根据您对您所在单位组织的实际情况的认识来回答下面所有的问题。答案没有对错之分，您的所有回答对我们完成一项学术研究具有重要意义。本问卷虽然没有涉及贵单位的商业秘密，但我们仍会对您的回答严格保密，感谢您的合作！

第一部分：以下是关于您所在单位组织的隐性知识共享情况的描述，请根据您对您所在单位组织的实际情况的认识，用相应的数字来表达您对每一个语句的赞成的态度（1 代表"完全不同意"，2 代表"不同意"，3 代表"不能确定"，4 代表"同意"，5 代表"完全同意"）。

1. 组织隐性知识共享水平

（1）我与同事之间彼此都了解对方的工作技能水平。（　　　）

（2）我与同事之间彼此都了解对方的专业知识内容。（　　　）

（3）我与同事之间彼此都了解对方的工作经验情况。（　　　）

（4）我与同事之间彼此都了解对方完成工作的过程。（　　）

（5）我与同事之间彼此都了解对方的工作方式与风格。（　　）

（6）我与同事在工作交流时拥有一套特定的语言或符号。（　　）

（7）我与同事每次面临工作新决策时能迅速达成默契。（　　）

2. 组织学习

（1）我对参与单位举办的各种学习活动非常有兴趣。（　　）

（2）我们单位经常举办各种集体学习活动。（　　）

（3）我们单位每次集体学习的时间都很长。（　　）

（4）我觉得我每次参加集体学习的效果都很好。（　　）

3. 交叉培训

（1）我经常与其他同事进行轮岗或换岗培训。（　　）

（2）我每次换岗或轮岗培训的时间都很长。（　　）

（3）我觉得每次的换岗或轮岗培训的效果都很好。（　　）

（4）我觉得换岗或轮岗培训对我工作很有帮助。（　　）

（5）我觉得我们单位关于换岗或轮岗培训的各种制度很健全。（　　）

4. 经验交流

（1）我一直都很渴望能有机会与同事进行工作经验交流。（　　）

（2）我与同事进行经验交流的次数很多。（　　）

（3）我每次与同事进行经验交流的时间都很长。（　　）

（4）我们单位有鼓励我与同事之间进行经验交流的各种制度与措施。
（　　）

（5）我与同事之间进行经验交流时经常谈到各自的失败教训。（　　）

第二部分：以下是关于您所在单位组织的价值意义共享情况的描述，请根据您对您所在单位组织的实际情况的认识，用相应的数字来表达您对每一个语句的赞成的态度（1 代表"完全不同意"，2 代表"不同意"，3 代表"不能确定"，4 代表"同意"，5 代表"完全同意"）。

1. 组织价值意义共享水平

（1）我很关心我们单位将来的发展情况。（　　）

（2）我对我们单位将来的发展前途充满了信心。（　　　）

（3）我认为我在单位的工作很有意义。（　　　）

（4）我与单位同事在工作合作中感到很愉快。（　　　）

（5）我与同事在日常工作中都相互支持。（　　　）

（6）我认为我们单位当前的工作目标值得我们大家努力去追求。（　　　）

（7）我认为我们领导或同事对我所作出的每一项承诺都值得信赖。（　　　）

（8）我认为我对自己的工作非常尽责。（　　　）

2. 组织文化

（1）我感觉到我们单位有一种与其他单位不同的文化气氛。（　　　）

（2）我非常喜欢我们单位现在这种文化气氛。（　　　）

（3）当我或我的同事遇到困难时大家都乐于相互帮助。（　　　）

（4）当我心中存在困惑时我很愿意向同事或领导倾诉。（　　　）

3. 组织激励制度

（1）我觉得我们单位的各种奖励制度很公平。（　　　）

（2）我觉得我们单位的各种职位晋升制度很合理。（　　　）

（3）我们单位会对工作有创意的员工实行各种支持或奖励措施。（　　　）

（4）我有了好的新提议会马上向我的领导与同事提出来。（　　　）

4. 组织构成

（1）我们单位的发展历史很悠久。（　　　）

（2）我们单位的员工都是公开招聘来的。（　　　）

（3）我们单位与同行业其他单位相比规模不大。（　　　）

（4）我们单位中员工年龄相差很小。（　　　）

（5）我们单位中员工学历相差很小。（　　　）

（6）我的工作需要经常与同事合作才能完成。（　　　）

（7）我们单位的员工基本上都是来自同一个地区的人较多。（　　　）

第三部分：以下是关于您所在单位组织知识创新管理水平情况的描述，请根据您对您所在单位组织的实际情况的认识，用相应的数字来表达您对每一个语句的赞成的态度（1 代表"完全不同意"，2 代表"不同意"，3 代表

"不能确定"，4代表"同意"，5代表"完全同意"）。

1. 组织知识创新能力

（1）我们单位新开发的产品数量与同行业其他单位相比很多。（　　）

（2）我们单位获得的发明专利数量与同行业其他单位相比很多。
（　　）

（3）我们单位的研究与开发投资基金与同行业其他单位相比很多。
（　　）

（4）我觉得我们单位的研究与开发项目成功率很高。（　　）

（5）我们单位发表的各种论文著作或其他作品与同行业其他单位相比很多。（　　）

2. 组织知识创新战略集成能力

（1）我对我们单位的创新战略目标很了解。（　　）

（2）我对我们单位的创新战略目标非常支持。（　　）

（3）我对我们单位的创新战略规划的制定过程很了解。（　　）

（4）我对我们单位的创新战略规划的制定过程都积极参与。（　　）

3. 组织知识创新成果传播能力

（1）我对我们单位各项创新成果的内容都很了解。（　　）

（2）我每次都非常热心的参与我们单位各项创新成果的应用与推广。
（　　）

（3）我对使用微机、网络等信息工具都很熟练。（　　）

（4）我们单位有内部局域网并且在宣传单位的各项创新成果方面做得很成功。（　　）

（5）我们单位每次出现了创新成果都会对我们进行积极宣传与应用培训。（　　）

第四部分：以下是关于您个人与您单位基本信息情况的描述，请根据您本人及您所在单位组织的实际情况在相应的数字后面打"√"。

1. 个人信息：以下资料时对您个人信息的了解，我们一定会严格保密。

（1）您的性别：①男性　②女性

（2）您的学历：①高中、中专或技校　②大专　③本科　④硕士 ⑤博士

（3）您的年龄：①25 岁以下　②25～35 岁　③35～45 岁　④45～55 ⑤55 岁以上

（4）您在单位的职位：①高层管理者　②中层管理者　③基层管理者 ④专业技术人员　⑤一般员工

2．单位信息：以下是对贵单位一些基本情况的调查

（1）贵单位所在的省市：①上海市　②江苏省　③浙江省

（2）贵单位所属行业：①信息技术　②商贸服务　③金融　④制造 ⑤咨询　⑥其他

（3）您所在部门：①研发部门　②业务部门　③行政部门　④人力资源部门　⑤信管部门　⑥其他部门

请您检查一下以上填写的内容是否有疏忽遗漏项目。

再一次对您在百忙之中填写问卷表示衷心感谢！

参 考 文 献

［1］［德］康德著．韦卓民译．纯粹理性批判［M］．商务印书馆，1997.

［2］［英］休谟著．刘根华等译．人类理性理解［M］．商务印书馆，1987.

［3］［英］罗素著．张金言译．人类的知识［M］．上海译文出版社，1987.

［4］［英］波普著．舒炜光等译．客观知识［M］．上海译文出版社，1987.

［5］［英］波兰尼著．许泽民译．个人知识［M］．上海译文出版社，1987.

［6］［瑞士］皮亚杰著．王宪钿等译．发生认识论原理［M］．商务印书馆，1981.

［7］［德］福尔迈著．舒远招译．进化认识论［M］．武汉大学出版社，1994.

［8］［美］詹姆士著．唐钺译．心理学原理［M］．商务印书馆，1985.

［9］［美］M.艾森克著．阎巩固译．心理学——一条整合的途径（上、下册）［M］．华东师范大学出版社，2000.

［10］［美］M.艾森克，M.T.基恩著．高定国，肖晓云译．认知心理学［M］．华东师范大学出版社，2004.

［11］［美］维娜·艾莉著．刘民慧译．知识的进化［M］．珠海出版社，1998.

［12］［美］迈诺尔夫·迪尔克斯著．张新华译．组织学习与知识创新［M］．上海人民出版社，2001.

［13］［美］埃森伯格著．白春生等译．组织传播：平衡创造性和约束［M］．北京广播学院出版社，2004.

［14］［美］米勒著．袁军等译．组织传播：理论学派与传播过程［M］.

北京大学出版社，2004.

[15] [美] 贝克尔著. 王业宇，陈琪译. 人类行为的经济学分析 [M]. 上海人民出版社，1995.

[16] [美] 斯蒂芬·P·罗宾斯著. 孙建敏，李原等译. 组织行为学 [M]. 中国人民大学出版社，2002.

[17] [美] 盖瑞·J·米勒著. 王勇等译. 管理困境 [M]. 上海三联书店，2002.

[18] [英] 斯蒂芬·里德著. 崔十安，秦苑译. 管理思维创新 [M]. 经济管理出版社，2004.

[19] [美] 沙因著. 朱明伟，罗丽萍译. 企业文化与领导 [M]. 中国友谊出版公司，1989.

[20] [英] 哈耶克著. 邓正来译. 个人主义与经济秩序 [M]. 北京三联书店，2003.

[21] [美] 奥尔森著. 李崇新译. 集体行动的逻辑 [M]. 上海三联书店，1993.

[22] [澳] 杨小凯，黄有光著. 专业化与经济组织 [M]. 经济科学出版社，1999.

[23] [美] 诺思著. 陈郁，罗华平等译. 经济史的结构与变迁 [M]. 上海人民出版社，1994.

[24] [美] 诺思著. 刘守英译. 制度、制度变迁与经济绩效 [M]. 上海人民出版社，1999.

[25] [美] 彼得·德鲁克著. 朱雁斌译. 21世纪的管理挑战 [M]. 北京三联书店，2000.

[26] [美] 彼得·德鲁克著. 朱雁斌译. 巨变时代的管理 [M]. 山西经济出版社，1998.

[27] [美] 彼得·德鲁克等著. 杨开峰译. 知识管理 [M]. 中国人民大学出版社，1999.

[28] [美] 彼特·圣吉著. 郭进隆译. 第五项修炼——学习型组织的

艺术与实务［M］.上海三联书店,1996.

［29］［美］查尔斯·M·萨维奇著.谢强华等译.第五代管理［M］.珠海出版社,1998.

［30］［美］纳尔逊,温特著.胡世凯译.经济变迁的演化理论［M］.商务印书馆,1997.

［31］［美］弗里茨·马克卢普著.郑晓明译.知识生产和知识结构［M］.新华出版社,1999.

［32］［美］詹姆斯·科塔达著.王国瑞译.知识工作者的兴起［M］.新华出版社,1999.

［33］［美］迈克尔·波特著.李明轩,邱如美译.国家竞争优势［M］.华夏出版社,1996.

［34］［美］迈克尔·波特著.陈小悦译.竞争战略［M］.中国财经出版社,1989.

［35］［美］赫伯特·西蒙著.杨砾,徐立译.现代决策理论的基石［M］.北京经济学院出版社,1989.

［36］［美］赫伯特·西蒙著.黄涛译.管理行为［M］.北京经济学院出版社,1989.

［37］［日］青木昌彦著.周国荣译.模块时代［M］.上海远东出版社,2003.

［38］［德］赫尔曼·哈肯著.徐锡申,陈式刚,陈雅深等译.协同学［M］.原子能出版社,1984.

［39］［德］赫尔曼·哈肯著.郭治安译.高等协同学［M］.科学出版社,1989.

［40］［英］马克·布劳格著.黎明星,陈一民,季勇等译.经济学方法论［M］.北京大学出版社,1990.

［41］刘大椿.科学哲学［M］.人民出版社,1998.

［42］劳思光.康德知识论要义［M］.中文大学出版社,1990.

［43］金岳霖.知识论［M］.北京三联书店,1995.

［44］金瑜．心理测量［M］．华东师范大学出版社，2001．

［45］潘菽．意识—心理学的研究［M］．商务印书馆，1998．

［46］张五常．经济解释［M］．商务印书馆，2001．

［47］汪丁丁．记住"未来"［M］．社会科学文献出版社，2001．

［48］汪丁丁．我思考的经济学［M］．北京三联书店，1997．

［49］汪丁丁．在经济学与哲学之间［M］．中国社会科学出版社，1996．

［50］汪丁丁．知识沿时间和空间的互补性以及相关的经济学［J］．经济研究，1997（6）：270－77．

［51］林祥．企业核心资源理论与战略［M］．人民出版社，2004．

［52］王众托．知识系统工程［M］．北京科学出版社，2004．

［53］余光胜．企业发展的知识分析［M］．上海财经大学出版社，2000．

［54］王晓玉．组织间人际信任［M］．上海财经大学出版社，2006．

［55］盛昭翰，蒋德鹏．演化经济学［M］．上海三联书店，2002．

［56］翟丽．企业知识创新管理［M］．复旦大学出版社，2001．

［57］郁义鸿．知识管理与组织创新［M］．复旦大学出版社，2001．

［58］樊治平等．知识管理研究［M］．东北大学出版社，2003．

［59］苏新宁等．组织的知识管理［M］．国防工业出版社，2004．

［60］石金涛．培训与开发［M］．中国人民大学出版社，2003．

［61］戴昌钧．人力资源管理［M］．南开大学出版社，2001．

［62］戴昌钧．岗位知识含量指标体系的构建及实证［J］．系统工程理论与实践，2004（9）：38－46．

［63］白新文，王二平．共享心智模型研究现状［J］．心理科学进展，2004，12（5）：791－799．

［64］杨正宇，王重鸣，谢小云．团队共享心理模型研究新进展［J］．人类工效学，2003（9）：12－23．

［65］金杨华，王重鸣，杨正宇．虚拟团队共享心理模型与团队效能的

关系 [J]. 心里学报, 2006, 38 (2): 288 – 296.

[66] 谢小云. 王重鸣, 忻柳春. 共享心理模型的前因变量研究 [J]. 应用心理学, 2007, 13 (2): 174 – 180.

[67] 陆云波, 彭正龙. 团队成员特质与绩效非线性关系 [J]. 工业工程与管理, 2007 (1): 88 – 93.

[68] 胡建平, 董其军. 从认知心理学的角度谈知识管理 [J]. 情报理论与实践, 2001 (1): 19 – 26.

[69] 武欣, 吴志明. 团队共享心智模型的影响因素与效果 [J]. 心理学报, 2005, 37 (4): 542 – 549.

[70] 武欣, 吴志明. 基于共享心智模型的团队知识管理研究 [J]. 研究与发展管理, 2006, 18 (3): 9 – 15.

[71] 彭贺, 苏东水. 论东方管理的研究边界 [J]. 学术月刊, 2007, 39 (2): 74 – 79.

[72] 李金明. 知识原理 知识具体与创新 [J]. 南开管理评论, 2002 (1): 16 – 22.

[73] 刘光明. 企业文化 [M]. 经济管理出版社, 2004.

[74] 余凯成. 组织行为学 [M]. 大连理工大学出版社, 2001.

[75] 侯杰泰, 温忠麟, 成子娟. 结构方程模型及其应用 [M]. 教育科学出版社, 2004.

[76] 吴明隆. SPSS 统计应用实务 [M]. 科学出版社, 2003.

[77] 何晓群. 多元统计分析 [M]. 中国人民大学出版社, 2004.

[78] 吴彤. 自组织方法论研究 [M]. 清华大学出版社, 2001.

[79] 张华夏. 物质系统论 [M]. 浙江人民出版社, 1987.

[80] 丁方鼎. 测度论概要 [M]. 安徽人民出版社, 2004.

[81] 刘立柱. 概率与模糊信息论及其应用 [M]. 国防工业出版社, 2004.

[82] 李登峰. 模糊多目标多人决策与对策 [M]. 国防工业出版社, 2003.

［83］谢季坚. 模糊数学方法及应用［M］. 华中科技大学出版社，2002.

［84］薛毅. 最优化原理与方法［M］. 清华大学出版社，2001.

［85］刘豹. 现代控制理论［M］. 机械工业出版社，2005.

［86］汤兵勇. 市场经济控制论［M］. 中国环境科学出版社，1997.

［87］张维迎. 博弈论与信息经济学［M］. 上海三联书店，1996.

［88］王则柯. 经济学拓扑方法［M］. 北京大学出版社，2002.

［89］李怀祖. 管理研究方法论［M］. 西安交通大学出版社，2000.

［90］郑维敏. 正反馈［M］. 清华大学出版社，2004.

［91］成思危. 复杂性科学探索［M］. 民主与建设出版社，1999.

［92］Rouse W B, Morris N M. On Looking into the Black Box: Prospects and Limits in the Search for Mental Models［J］. Psychological Bulletin, 1986, 100: 349 – 363.

［93］Wilson J R, Rutherford A. Mental models: Theory and Application in Human Factors［J］. Human Factors, 1989, 31: 617 – 634.

［94］Cannon-Bowers JA, Salas E, Converse S. Shared Mental Models in Expert Team Decision Making［A］. Castellan NJ. Individual and Group Decision Making: Current Issues［C］. Hillsdale, NJ: Erlbaum, 1993: 221 – 246.

［95］Arthur T. Denzan, and Douglass C. North. Shared Mental Models: Ideologies and Institutions［C］. Kyklos, 1994, Vol. 47（1）: 3 – 31.

［96］Douglass C. north, . Economics and Cognitive Science［W］. Working Paper, Department of Economics, Washington University at St. Lou, 1996.

［97］Mohammed S, Dumville B C. Team Mental Models in a Team Knowledge Framework: Expanding Theory and Measurement Across Disciplinary Boundaries［J］. Journal of Organizational Behavior, 2001, 22: 89 – 106.

［98］Schein E H. Organizational Psychology（3rded）［M］. New Jersey: Prentice-Hall, 1980.

［99］Rousseau D M. Psychological Contracts in Organizations: Understanding Written and Unwritten Agreements [M]. California: Sage, 1995.

[100] Argyris C. Understanding Organizational Behavior [M]. London: Tavistock Publications, 1960.

[101] Levinson H, Price C R, Manden K J, Mandle H J, Solley C M. Men. Management and Mental Health [M]. Cambridge: Harvard University Press, 1962.

[102] Rousseau D M. New Hire Perceptions of Their Own and Their Employer's Obligations: A Study of Psychological Contracts [J]. Journal of Organizational Behavior, 1990, 11: 389 – 400.

[103] Robinson S L, Rousseau D M. Violating the Psychological Contract: Not the Exception But the Norm [J]. Journal of organizational behavior, 1994, 15 (3): 245 – 259.

[104] Kickul J, Lester S W, Finkl J. Promise Breaking During Radical Organizational Change: Do Justice Interventions Make a Difference [J]. Journal of Organizational Behavior, 2002, 23: 469 – 488.

[105] Rousseau D M, Tijoriwala S A. What's a Good Reason to Change? Motivated Reasoning and Social Accounts in Promoting Organizational Change [J]. Journal of applied psychology, 1999, 84 (4): 514 – 528.

[106] Guest D E. Is the Psychological Contract Worth Taking Seriously [J]. Journal of Organizational Behavior, 1998, 19: 649 – 664.

[107] Peter J. Boettke. Information and Knowledge: Austrian Economics in Search of Its Uniqueness [J]. The Review of Austrian Economics, 2002, 15: 263 – 274.

[108] H. M. Collins. The Structure of Knowledge [J]. Social Research, 1993, 60 (1): 95 – 116.

[109] Brian J. Loasby. The Organization of Industry and The Growth of Knowledge [C]. Lectures Jenenses, Jena, Max-Planck-Institute for Research into Economic System, 1996.

[110] Heiner, Ronald A. Rule Governed Behavior in Evolution and Human Society [J]. Constitutional Political Economy, 1990, 1 (Winter): 19 –46.

[111] Sink, D. Scott. Productivity Management: Planning, Measurement and Evaluation, Control and Improvement [J]. John Wiley and Sons, Inc. , 1987, 1: 15 –18.

[112] Sassone Peter G. Office Productivity: The Impacts of Staffing. Intellectual Specialization and Technology [J]. The Georgia Institute of Technology School of Economics, 1991, 9: 135 –157.

[113] Sveiby, K, E. The New Organizational Wealth: Managingand Measuring Knowledge Based Assets [M]. San Francisco: Berrett – Koehler Publishers, Inc. , 1997.

[114] Davenport, T. Process Innovation [M]. Boston: Harvard Business School Press, 1993.

[115] Asprement C. Jacquemin A. Cooperative and Noncooperative R&D in Duopoly with Spillover [J]. 1998, 75 (5): 23 –37.

[116] Michael Polanyi. Personal Knowledge: Towards a Post-Critical Philosophy [M]. Chicago: University of Chicago Press, 1962, 2: 21 –26.

[117] Noraka, Ikujiro. The Knowledge-creating Company [J]. Harvard Business Review, 1991, 12: pp. 99 –104.

[118] Noraka, Ikujiro. a Dynamic Theory of Organizational Knowledge Creation [J]. Organizational Science, 1994, 5: 14 –37.

[119] Noraka, Ikujiro, Toyama Ryoko, Konno Noboru. Seci. Ba and Leadership: a Unified Model of Dynamic Knowledge Creation [J]. Long Range Planning, 2000 (33): 5 –34.

[120] Cook S, Brown J. Bridging Epistemologies: The Generative Dance Between Organizational Knowledge and Organizational Knowing [J]. Organizational Science, 10 (4), 1999: 81 –400.

[121] Robert M. Gränt. Toward a Knowledge-based Theory of the Firm [J].

Strategic Management Journal, 1996, 17, pp. 109 – 122.

[122] Blumer, Herbert. Symbolic Interactionism: Perspective and Method [M]. University of Chicago Press, 1986.

[123] Deacon, Terrence. The Symbolic Species: The Co-evolution of Language and the Brain [M]. W. W. Norton. 1997.

[124] Habermas, Jurgen. "Individuation Through Socialization: on George Herbert Mead's Theory of Subjectivity." in J. Habermas, Postmetaphysical Thinking [M]. Philosophical Essays, English Translation, MIT Press, 1992.

[125] Habermas, Jurgen. Toward a Critique of the Theory of Meaning. in J. Habermas, Postmentaphysical Thinking [M]. Philosophical Essays, English Translation, MIT Press, 1992.

[126] Jung, Garl. Man and His Symbols [M]. Picador, 1978.

[127] Mead, George Herbert. The Mechanism of Social Consciousness [J]. The Journal of Philosophy, Psychology, and Scientific Methods, Louis Menand (ed.), Pragmatism: A Reader, Random House, 1997.

[128] Mead, George Herbert. A Constrast of Individualistic and Social Theories of the Self, Paper Collected in Mind, Self, and Society [M]. University of Chicago Press, 1934.

[129] Mead, George Herbert. Mind, Self, and Society [M]. University of Chicago Press, 1934.

[130] Quine, W. V. O. Set Theory and Its Logic [M]. Harvard University Press, 1969.

[131] Stoll, Robert Set Theory and Logic [M], Dover Publications, 1963

[75] Wilson, T. D. The Nonsense of Knowledge Management [J]. Information Research, 2002, 8 (1): 144 – 172.

[132] Alavi, M. and Leidner, D. E. Knowledge Management and Knowledge Management Systems: Conceptual Foundations and Research Issues [J]. MIS Quarterly, 2001, 25 (1): 107 – 136.

[133] Newell S, Robertson M, Scarb Ough H, et al. Management Knowledge Work [M]. NY: Palgrave (Formerly Macmillan), 2002.

[134] Jennifer Waiming Yau. Defining Knowledge Work: a British and Hispanic Cross-cultural Study PP [C]. 11 Department of Computer Science at the University of York, 2003.

[135] Stenmark, D. Information vs. Knowledge: The Role of Intranets in Knowledge Management [C]. Proceedings of the 35th Hawaii International Conference on System Sciences, 2002.

[136] Drucker, P. The Post-Capitalist Society [M]. New York: Harper Business/Harper Collines Publisher, 1993.

[137] Davenpert, T. and Prusak, L. Working Knowledge: How Organization Manage What They Know [M]. Boston: Harvard Business School Press, 1998.

[138] Sveiby, K. The New Organizational Wealth: Managing and Measuring Knowledge-Based Assets [M]. San Francisco: Berrett Koehler, 1997.

[139] Davenport, T., De Long, D. and Beers, M. Successful Knowledge Management Projects [J]. Sloan Management Review. Winter, 1998: 43 – 57.

[140] Buckland, M. Spring. Long Island University [C]. Class Discussion, 1998.

[141] Tuomi, I. Data is More Than Knowledge: Implication of the Reversed Knowledge Hierarchy for Knowledge Management and Organization Memory [C]. Proceeding of the 32nd Hawaii Conference on System Science-1999 Los Altimos, CA, 1999.

[142] Zach, M. H. Managing Codified Knowledge [J]. Slooan Management Review Summary, 1999.

[143] Davenport, T. H. and Prusak, L. Working knowledge [M]. Harvard Business School Press: Boston, MA. In 35th Hawaii International Conference on System Sciences, 2002.

［144］Senge, P. M. The Fifth Discipline-The Art and Practice of the Learning Organization ［J］. New York: Doubleday. Anand, V. Manz, C. C., and Glick, W. H. "An Organizational Memory Approach to Information Management". Academy of Management Review, 1998, Vol. 23.

［145］Anand, V. Manz, C. C., and Glick, W. H. "An Organizational Memory Approach to Information Management" ［J］. Academy of Management Review, 1998, Vol. 23.

［146］Hall, R. I. The Natural Logic of Management Policy Making: Its Implications for the Survival of the Organization ［J］. Management Science, 1984, 30, 905 – 907.

［147］Lyles, M and Schwenk, C. R. "Top Management, Strategy Organizational Knowledge Structures" ［J］. Journal of Management Studies, 1996, 29: 155 – 174.

［148］Peter Drucker, Knowledge Work Productivity: The Biggest Challenge ［J］. California Management Review, 1999, Vol. 41 No. 2.

［149］Sassone Peter G. Office Productivity: The Impacts of Staffing, Intellectual Specialization and Technology ［J］. The Georgia Institute of Technology School of Economics, 1991 (9): 135 – 213.

［150］Sveiby, K. E. The New Organizational Wealth: Managing and Measuring Knowledge Based Assets ［M］. San Francisco: Berrett-Koehler Publishers, Inc., 1997.

［151］Dreger, B. Function Point Analysis ［M］. Prentice-Hall, Engewood Cliffs, NJ, 1989.

［152］Ray, P. K. and S. The Measurement and Evaluation of White-coller Procductivity ［J］. International Journal of Operations & Production Management, 1989, Vol. 5 No. 2, pp. 25 – 33.

［153］Charnes, A., Cooper, W., Lewin, A. and Seiford, L. Date Envelopment Analysis: Theory, Methodology and Application ［M］. Kluwer Academic Publisher, Boston, MA, 1994.

[154] Klassen, K. J. , Russell, R. M. and Chrisman, J. J. Efficiency and Productivity Measures for High Contact Services [J]. Seviece Industries Journal, 1998, 18 (4): 1-19.

[155] Cannon-Browers JA, Salas E, Converse S. Shared Mental Models in Expert Team Decision Making. Castellan NJ [C]. Individual and Group Decision Making: Current Issues. Hillsdale, NJ: Erlbaum, 1993: 221-246.

[156] Klimoski R, Mohammed S. Team Mental Model: Construct or Metaphor [J]. Journal of Management, 1994 (20): 403-437.

[157] Kraiger K, Wenzel LH. Conceptual Development and Empirical Evaluation of Shared Models and Indications of Team Effectiveness [A]. M. T. S. Brannick E, Prince C. Team Performance Assess and Measurement: Theory, Methods and Application. Mahwah, New Jersey: Lawrence Erlbaun Associates, Inc. 1997: 63-84.

[158] Marchard, D. Strategies and Tools in Transition [J]. Business and Economic Review, 1983 (7): 4-8.

[159] Hedlund, G. and Nonaka, I. Models of Knowledge Management in the West and Japan [A]. IN: Implementing Strategic Processes: Chang, Learing, and Co-operation. ed: Lorange, Chakravarthy, Roos, and Van de Ven, 1993.

[160] Hedlund, G. A Model of Knowledge Management and N-Form Corporation [J]. Strategic Management Journal, 1994 (15): 73-90.

[161] Dash, J. Turning Technology into Techknowledge [J]. Software Magazine, 1998 (2): 64-72.

[162] Sveiby, K. E. The New Organizational Wealth: Managing and Measuring Knowledge-based Assets [C] . San Francisco: Berret-Koehler, 1997.

[163] Ponzi, Leonard J. . The Evolution & Intellectual Development of

Knowledge Management [A]. Long Island University, C. W. Post Center, 2003.

[164] Stewart, T. Brain Power-How Intellectual Capital is Becoming American's Mos Valuable Asset [J]. Fortune, 1991, 123 (11): 44-51.

[165] Stewart, T. Your Company's Most Valuable Asset: Intellectual Capital [J]. Fortune, 1994 (6): 23-37.

[166] Davenport, T. Coming soon: The CKO, Information Week, (491) [C]. September, 1994, pp. 95.

[167] Nonaka, I. and Takeuchi, H. The Knowledge-creating Kompany: How Japanese Companies Create the Dynamics of Innovation [M]. Oxford University Press: New York, NY, 1995.

[168] Senge, P. The Fifth Discipline: The Art & Practice of the Learning Organization [M]. New York: Doubleda, 1990.

[169] Gary Hamel & A. Heene. Competence-based Competition [M]. New York: John Wiley & Sons Ltd. , 1994.

后　记

　　本书是在笔者博士论文的基础上修改完善而成。博士毕业后，笔者继续从事企业隐性知识挖掘的心智理论研究工作，相关研究得到了现工作单位浙江农林大学科研发展基金人才启动项目的资助，因此，本书的相关内容也增添了笔者在该领域的最新研究成果。本书从初稿到定稿成书前后历经 7 年，在 7 年期间，除本人的辛苦写着与修改外，还凝聚着众多专家与学者的心血，在此，对他们表示衷心的感谢！

　　感谢我的博士导师戴昌钧教授，本书从选题、总体写作思路到模型构建技术直至最后的实证检验都凝聚着导师的深切指导和无穷关爱。导师与我们博士生之间所达成的共同心智模型是"吾爱吾师，但更爱真理。"因此，在攻读博士期间，每次导师所主持的博士生集会中，我们都会展开平等、热烈的讨论甚至争论，大家都畅所欲言，每次弄得我们无路可走的理论问题与技术性问题，正是在这样一种气氛下经过导师的不断引导而步入"柳暗花明又一村"的。导师宽厚的品行、谦和的秉性、正直的人格和乐观豁达的人生态度教给了我们每个博士生做人的道理；导师严谨的治学风范、执着的敬业精神、想学生之所想、急学生之所急的宽大情怀，时刻感动着我们每个博士生的心。记得本书初稿完成时，导师正在住院，但硬是在医院病房里仔细审阅了书中每一个章节的内容，几乎每一页都写满了导师的批语和修改意见，至今我的书稿上还留有一股浓浓的医院病房的药水味道，它将教给我为人师表的至深之理，再次向导师的忘我敬业精神表示最诚挚的敬意和感谢！

　　感谢博士阶段形成的研究团队对本书初稿写作的巨大帮助，感谢团队成员陶洪、杨丹、刘广、房树琼、张丹、曹如中、熊鸿军、卢宁文、王大群、王春彦、方澜、余垠等，感谢他们在学习、生活诸多方面的帮助！

感谢金蝶国际软件集团有限公司、富士通（中国）有限公司和新福达电子有限公司的领导和员工以及所有参加本课题调研的人员！

感谢国家自然科学基金对作者博士论文选题的引导，感谢上海市科技发展基金对作者博士论文的资助，感谢浙江农林大学科研发展基金对本书出版的资助！

感谢经济科学出版社对本书的出版，感谢本书的责任编辑李雪老师在百忙之中对本书稿的耐心审读与修改！

最后，感谢我的父母和家人对我求学与从事科研工作的支持和帮助！

龙 飞

2014 年 4 月